安全生产考试机构和考试点管理规定

中华人民共和国应急管理部　制定

应 急 管 理 出 版 社

·北　京·

图书在版编目（CIP）数据

安全生产考试机构和考试点管理规定 / 中华人民共和国应急管理部制定. -- 北京 : 应急管理出版社, 2025. -- ISBN 978-7-5237-1279-5

Ⅰ. G523-65

中国国家版本馆 CIP 数据核字第 2025K6V120 号

安全生产考试机构和考试点管理规定

制　　定　中华人民共和国应急管理部
责任编辑　李景辉
责任校对　张艳蕾
封面设计　解雅欣
出版发行　应急管理出版社（北京市朝阳区芍药居 35 号　100029）
电　　话　010 - 84657898（总编室）　010 - 84657880（读者服务部）
网　　址　www. cciph. com. cn
印　　刷　北京四海锦诚印刷技术有限公司
经　　销　全国新华书店
开　　本　710mm × 1000mm $^{1}/_{16}$　**印张**　$5^{3}/_{4}$　**字数**　74 千字
版　　次　2025 年 7 月第 1 版　2025 年 7 月第 1 次印刷
社内编号　20250455　**定价**　23. 00 元

应急管理部关于印发《安全生产考试机构和考试点管理规定》的通知

应急〔2025〕41号

各省、自治区、直辖市和新疆生产建设兵团应急管理部门、矿山安全监管部门：

《安全生产考试机构和考试点管理规定》已经部务会议审议通过，现予印发，请认真贯彻落实。

应急管理部

2025年5月6日

安全生产考试机构和考试点管理规定

第一章　总　　则

第一条　为进一步加强安全生产考试工作，规范安全生产考试机构和考试点管理，维护考试秩序，严肃考风考纪，提升考试质量，根据《中华人民共和国安全生产法》《安全生产培训管理办法》《特种作业人员安全技术培训考核管理规定》等要求，制定本规定。

第二条　本规定适用于安全生产考试的组织实施、监督管理，以及安全生产考试机构和考试点的规划、设置、运行、监管。

安全生产考试是指特种作业人员安全技术考试，以及矿山、危险化学品、石油天然气开采、烟花爆竹、金属冶炼等生产经营单位主要负责人、安全生产管理人员安全生产知识和管理能力考试（以下简称安全生产知识和管理能力考试）。

第三条　应急管理部统筹指导、监督、管理全国安全生产考试工作。

国家矿山安全监察局具体指导、监督、管理全国矿山行业安全生产考试工作。

省级应急管理部门和矿山安全监管部门按照职责分工，指导、监督、管理本地区安全生产考试工作。

设区的市级应急管理部门和矿山安全监管部门按照职责分工，指导、监督、管理本地区安全生产考试工作。

第二章　考　试　机　构

第四条　应急管理部和国家矿山安全监察局确定部级考试机构。部级考试机构负责安全生产考试考务等有关工作。

省级应急管理部门和矿山安全监管部门按照职责分工确定省级考试机构。省级考试机构负责本地区安全生产考试工作，对市级考试机构进行业务指导。

设区的市级应急管理部门和矿山安全监管部门按照职责分工确定市级考试机构。市级考试机构负责本地区安全生产考试工作。

第五条　考试机构负责对考试点进行业务管理。

第六条　考试机构应当建立健全管理制度，包括岗位责任、工作人员管理和培训、档案管理、考试考务管理、监考巡考等制度。

第三章　考　　试　　点

第七条　省级应急管理部门和矿山安全监管部门应当统筹考虑本地区经济社会发展水平、产业布局、从业人数等情况，以便民利企为原则，科学规划考试点数量并合理布局。原则上每个设区的市至少确定 1 家能够承担电工作业、焊接与热切割作业、高处作业 3 个作业类别特种作业人员安全技术考试任务的考试点。

省级或市级应急管理部门和矿山安全监管部门应当自行建设或者委托直属事业单位建设考试点；对存在考试点资源缺口的，应当委托职业院校、技工院校和大型企业等补充建设考试点。委托考试点开展考试工作的，应当明确双方的权利、义务等事项。

承担安全生产考试任务的考试机构、考试点，不得从事与所承担考试任务有关的培训活动。

第八条　考试点工作内容：

（一）承担安全生产考试具体实施工作，维护考场秩序；

（二）负责考试场地、考试设备的建设、管理和维护工作，负责考试系统、视频监控系统的维护工作；

（三）承担考试机构安排的其他有关工作。

第九条 考试点应当符合以下要求：

（一）应有健全的考试管理制度，包括但不限于以下内容：岗位责任、工作人员管理和培训、档案管理、考试场地管理、考试设备管理、安全管理、网络安全管理等制度。建立考试场地、考试设备管理台账，对考试场地、考试设备定期检查、维护与保养，确保安全可靠；

（二）具有与承接考试任务相匹配的固定场地，符合考试点建设标准，能够提供产权证明或者租赁时间3年及以上的租赁证明；

（三）承担电工作业、焊接与热切割作业、高处作业3个作业类别中任意1个或者多个操作项目考试任务的考试点，上述操作项目的实际操作考试承载能力不少于5000人次/年。

第十条 考试点的应急保障措施应当符合以下要求：

（一）制定考试突发情况处置方案，包括应对停电、考试系统故障、考试设备故障、网络故障、考试作弊等情况导致无法正常考试的处置方案，定期组织培训与演练，并做好记录；

（二）制定符合《生产经营单位生产安全事故应急预案编制导则》(GB/T 29639）的火灾、踩踏、触电、高处坠落等类别专项应急预案或者现场处置方案，定期组织培训与演练，并做好记录；

（三）配齐应急设备设施，储备应急物资，建立管理台账，并定期检查、维护与保养，确保完好和可靠。

第四章 考 务 人 员

第十一条 考务人员主要包括从事监考、特种作业人员安全技术实际操作考评、考试系统管理、特种作业人员安全技术实际操作考试设备管理等工作的人员。

第十二条　考务人员应当参加业务培训，具备相应的知识和技能。

第十三条　监考人员应当符合以下条件：

（一）具有良好的职业道德，遵纪守法、坚持原则、秉公办事；

（二）具有良好的语言表达和沟通能力；

（三）掌握特种作业人员安全技术考试、安全生产知识和管理能力考试等有关要求，具备必要的考试突发事件应急处置能力。

第十四条　特种作业人员安全技术实际操作考评人员（以下简称实操考评人员）应当符合以下条件：

（一）具有良好的职业道德，遵纪守法、坚持原则、秉公办事；

（二）具有良好的语言表达和沟通能力；

（三）身体状况能够胜任特种作业人员安全技术实际操作考评工作，年龄不超过 66 周岁；

（四）取得过与所考评操作项目相对应的特种作业操作证，具有 5 年及以上相应操作项目工作经历，熟练掌握相应操作项目的实际操作技能；

（五）具备以下三项条件之一：具有大专及以上学历；具有职业院校或者技工院校相关专业中专及以上学历；具有相关专业中级及以上职称证书或者高级工及以上职业技能等级证书；

（六）掌握特种作业人员安全技术实际操作考试有关要求与考评标准，具有独立的考核评分能力，能够科学评判考生实际操作水平，具备必要的考试突发事件应急处置能力。

第十五条　考试系统管理人员应当符合以下条件：

（一）具有 3 年及以上信息系统运维工作经历；

（二）熟悉考试系统、视频监控系统，具备系统运维能力，能够进行基本的故障排查，具备系统突发问题应急处置能力。

第十六条　特种作业人员安全技术实际操作考试设备管理人员应当符合以下条件：

（一）具有 3 年及以上设备维护工作经历；

（二）熟悉特种作业人员安全技术实际操作考试设备，具备设备设施维护能力，能够进行基本的故障排查，具备设备设施突发问题应急处置能力。

第五章 考 试 方 式

第十七条 特种作业人员安全技术理论考试在考试点实行计算机考试，考试时间为90分钟，考试试卷按照统一组卷规则在考试题库中随机生成。特殊情况经省级应急管理部门或者矿山安全监管部门同意，可采用考核管理系统生成的纸质试卷考试。特种作业人员安全技术理论考试满分为100分，80分及以上为合格。

特种作业人员安全技术实际操作考试在考试点采取现场实际操作方式进行考评，考试试卷按照统一组卷规则在考试题库中随机生成。电工作业、焊接与热切割作业、高处作业3个作业类别应当使用真实设备进行实际操作考试，其他作业类别应当使用真实设备或者实物仿真设备进行实际操作考试。特种作业人员安全技术实际操作考试满分为100分，80分及以上为合格。

特种作业人员安全技术理论考试和实际操作考试使用全国统一的考试题库和考试系统。

第十八条 安全生产知识和管理能力考试在考试点实行计算机考试，考试时间为90分钟，考试试卷按照统一组卷规则在考试题库中随机生成。特殊情况经应急管理部门或者矿山安全监管部门同意，可采用考核管理系统生成的纸质试卷考试。安全生产知识和管理能力考试满分为100分，80分及以上为合格。

矿山、危险化学品、石油天然气开采、烟花爆竹、金属冶炼等生产经营单位主要负责人、安全生产管理人员安全生产知识和管理能力考试使用全国统一的考试题库和考试系统。

第六章 考 务 管 理

第十九条 考试机构应当核定本地区考试点每日最大考试量，确定考试能力，并将考试收费标准、申请考试所需材料目录及示范文本等在办公场所公示。

第二十条 申请考试人员应当由本人或者其委托的人员向考试机构提交申请考试材料，并对材料的真实性、准确性和完整性负责。

考试机构应当自收到申请考试材料起7个工作日内完成材料的规范性审查，并将审查受理结果告知申请考试人员。

第二十一条 考试机构应当根据本地区考试能力和考试需求，合理制定考试计划。

考试机构应当至少在每月15日前公布下月考试计划，供考生查询，并将考试计划派发至考试点。已公布的考试计划除不可抗力原因外，不得取消、减少或者变更。

考试任务应当由符合本规定第七条、第九条、第十条相关要求的考试点承担。

第二十二条 考试机构应当按照考试计划组织考试点做好考前准备工作。

考试点应当按照考试计划在考试前做好考试场地、考试设备的准备与检查工作，并做好记录，确保考试场地、考试设备安全可靠。

第二十三条 考试机构应当为考生提供线上线下等多种预约考试方式。

考试机构应当根据考试计划和考生的预约考试排序，受理考生的预约考试申请。对已受理的预约考试申请，考试机构应当为考生核发预约考试凭证。

因系统故障、停电、天气等特殊原因，不能按照考试计划组织考试的，考试机构应当另行安排考试，并及时通知考生。

第二十四条 考试机构应当在考试前24小时内，使用考核管理系统，选配监考人员对特种作业人员安全技术理论考试、安全生产知识和管理能力考试进行现场监考，每个考场不少于 2 名监考人员；按照有关要求，选配相应数量的实操考评人员对参加特种作业人员安全技术实际操作考试的考生进行现场评分。经省级应急管理部门或者矿山安全监管部门同意，可以探索人工智能、物联网等先进技术对特种作业人员安全技术实际操作考试进行辅助考评。

第二十五条 考试点应当严格按照考试计划实施考试，严肃考试纪律、规范考场秩序。

第二十六条 对按照预约时间参加特种作业人员安全技术理论考试的考生，考试结束后当场公布其考试成绩，考试不合格的，可以补考 1 次。不参加补考或者补考仍不合格的，判定该次考试不合格。对按照预约时间参加特种作业人员安全技术实际操作考试的考生，考试结束后当场公布其考试成绩，考试不合格的，可以补考 1 次。不参加补考或者补考仍不合格的，判定该次考试不合格。

第二十七条 对按照预约时间参加安全生产知识和管理能力考试的考生，考试结束后当场公布其考试成绩，考试不合格的，可以补考 1 次。不参加补考或者补考仍不合格的，应当重新预约考试。

第二十八条 考生对考试成绩有异议的，应当在考试结束后 3 个工作日内向考试机构提出成绩复核申请。未申请成绩复核的，考试机构不再受理。

考试机构应当在收到成绩复核申请的 5 个工作日内完成成绩复核工作，并将复核结果及时通知考生。

考试机构应当在考试结束后 10 个工作日内在考核管理系统发布考试成绩，供考生查询。

第二十九条 考试点应当对考试全过程进行录音录像，保证录音录像清晰可辨，定期将音视频资料提交考试机构。

第三十条 考试机构应当建立健全考试管理档案，如实记录考试时间、地点、内容、参加人员以及考试结果等，并妥善保存考试音视频资料。考试档案实行“一人一档”管理，考试音视频资料按照考试计划管理。采用电子化方式管理考试档案的，应当符合国家对电子档案管理的相关要求。

特种作业人员安全技术考试档案及音视频资料保存期限不少于6年；安全生产知识和管理能力考试档案及音视频资料保存期限不少于3年。

第七章　监　督　管　理

第三十一条　应急管理部门或者矿山安全监管部门应当在考试点开展考试业务前，对其进行合规性检查。考试点经应急管理部门或者矿山安全监管部门合规性检查合格并向社会公布后开展考试业务。

第三十二条　考试机构应当开展现场或者远程巡考。

考试点所有考场的考试监控设备应当接入考试机构的远程视频巡考系统。

第三十三条　应急管理部门和矿山安全监管部门以及考试机构应当定期对本地区考试点承担安全生产考试所需要的条件、落实考试工作职责等情况进行监督检查，重点检查考试系统参数、权限设置、数据存储以及考试设备管理与维护等情况。

第三十四条　考试点及其工作人员存在擅自更改考试场地布局或者考试设备、考试场地或者考试设备管理不到位、考试管理制度不健全、未定期按照考试突发情况处置方案或者专项应急预案或者现场处置方案组织培训与演练、未严格执行考试纪律或者考场秩序混乱的，暂停委托考试业务，应急管理部门或者矿山安全监管部门给予谈话提醒并督促整改。

考试点及其工作人员存在未对考试全过程进行录音录像、考试场地或者考试设备存在严重安全隐患、从事与所承担考试任务有关培训活动的，责令限期改正，停止考试业务3至6个月；逾期未改正的，停止委托考试业务，不得再承担考试工作。

考试点及其工作人员以不正当手段取得承担考试任务机会、纵容考试作弊或者伙同他人作弊、窃取或者泄露试题及试题答案的，停止委托考试业务，不得再承担考试工作。

第八章　附　　则

第三十五条　省级应急管理部门和矿山安全监管部门可以结合本地区实际，制定实施细则。

第三十六条　本规定自 2025 年 10 月 9 日起施行。2013 年 9 月 24 日公布的《国家安全监管总局关于印发〈安全生产资格考试与证书管理暂行办法〉的通知》（安监总培训〔2013〕104 号）同时废止，此前与本规定不一致的，按照本规定执行。法律、行政法规和应急管理部规章另有规定的，从其规定。

第三十七条　本规定由应急管理部负责解释。

附件：考试点建设标准

附件

考试点建设标准

一、场地通用要求

（一）考试点的场地应当为自有或者签署3年及以上租用合同的固定场地，能够提供产权证明或者租赁证明。

（二）考试点的场地包括办公场地、考试场地、库房等，各场地应当相对集中。

（三）办公场地、考试场地、库房的建筑防火和消防设施应当符合《消防设施通用规范》(GB 55036）和《建筑防火通用规范》(GB 55037）的要求，并定期组织检验、维修，确保完好、安全、可靠。不得使用居民住宅、临时建筑、违规建筑、危险建筑、地下或者半地下建筑（矿山实际操作考场除外）。

（四）办公场地、考试场地、库房应当保障疏散通道、安全出口畅通，不被占用、堵塞、锁闭。

二、办公场地要求

办公场地包括日常工作区、考务办公区、监控室、档案室等区域，其中日常工作区、考务办公区可以单独设置办公室，也可以设置在统一的办公大厅中，但应明确划分不同区域功能。各区域应当满足下列要求：

（一）日常工作区。面积不小于30 m^2，配备相应办公设备设施，满足工作人员日常办公需求。

（二）考务办公区。面积不小于20 m^2，配备相应办公设备设施，满足考务人员备考需求。

（三）监控室。独立房间，面积不小于10 m^2，安装视频监控系统，配备存储硬盘或者刻录机，对考试相关区域进行监控和录音录像存储。

（四）档案室。独立房间，面积不小于 20 m^2，配备满足工作需要的档案柜或者档案架，满足防火、防盗、防潮要求。

三、考试场地要求

考试场地包括考生接待区、候考大厅（室）、计算机考场等区域，承担特种作业人员安全技术考试任务的考试点，还应当设置特种作业人员安全技术实际操作考场。各区域应当满足下列要求：

（一）考生接待区。面积不小于 6 m^2，设置在考试场地入口处，满足考生接待、引导、答疑等需求。

（二）候考大厅（室）。面积不小于 60 m^2，并符合下列要求：

1. 设置考生候考区、物品存放处、饮水供应处、应急物资存放处，配备相应设备设施，能够满足考生候考需求，其中考生候考区应能容纳不少于 50 人同时就座；

2. 配备多媒体设备，播放安全生产宣传短片；

3. 设置公示板，在醒目位置公布考试科目时间表、监考人员职责、实操考评人员职责、考试流程、考试规则、考场纪律、考试违纪处理规定、考试注意事项、考试收费标准、证书领取流程、投诉举报渠道等；

4. 配备叫号排队系统，便于考试组织管理。

（三）计算机考场。设置不少于 1 个计算机考场，并符合下列要求：

1. 考场实行封闭式管理，环境安静整洁、通风良好、温度适宜；

2. 考场入口处设置身份核验设备、手持式或者门式金属探测仪；

3. 考场内考位数不少于 50 个，设置考位号，考位宽度不小于 1 m、面积不小于 1.5 m^2；

4. 考场应当配备符合考试系统软硬件配置要求的网络环境和设备设施，主供电端应当安装过载、漏电、短路等保护装置和防雷装置；

5. 考场应当安装足够的考试监控设备（具有拾音功能），确保监控范围覆盖整个考场。考场的考试监控设备应当接入考试点视频监控系统，并按照要求接入考试机构的远程视频巡考系统；

6. 考场内设置紧急疏散路线图，悬挂考试规则、考场纪律、考试违纪处理规定、考试注意事项等。

（四）特种作业人员安全技术实际操作考场。设置不少于6个操作项目的实际操作考场，并符合下列要求：

1. 考场按照操作项目分类设置，并根据场地实际、考试科目、考位设置要求、安全操作技术要求、承载考生人数等进行合理规划和布局，允许将各操作项目的作业现场应急处置考试科目整合设置独立考场；

2. 考场实行独立区域管理，环境安静整洁、通风良好、温度适宜；

3. 考场入口处设置身份核验设备；

4. 考场内可以按需设置独立考室，按照有关要求设置考位。考场、考室、考位等根据情况可以使用隔断进行分隔，隔断应当使用绝缘、防火阻燃、耐高温、防爆、坚固耐用的材料，符合国家消防有关标准要求；

5. 考位醒目位置设置名称标牌。同一考位设置多个的，设置考位号；

6. 考场或者考室应当安装足够的考试监控设备（具有拾音功能），确保监控范围覆盖整个考场或者考室。对于隔断分割的考位，还应当安装独立的考试监控设备，确保监控范围覆盖整个考位。考试监控设备应当接入考试点视频监控系统，并按照要求接入考试机构的远程视频巡考系统；

7. 考场内设置紧急疏散路线图，悬挂考试规则、考场纪律、考试违纪处理规定、考试注意事项等；

8. 考位内为作业区，考位外设置考评区，作业区、考评区设置相应的名称标牌。作业区采用黄黑相间涂漆或者贴地胶带画出警示线，警示线宽度不小于 80 mm；

9. 低压电工作业、高压电工作业、熔化焊接与热切割作业、压力焊作业、登高架设作业和高处安装、维护、拆除作业等 6 个操作项目实际操作考场的考位设备配备应当符合附表 1 至附表 7 相应要求，其他操作项目实际操作考场的考位设备配备应当符合国家有关标准要求。

四、库房要求

库房面积不小于 20 m^2，用于存放考试耗材、备用考试设备等。涉及危险品耗材时，按照国家有关要求单独设置存放地点。

五、标牌标识要求

（一）考试点入口位置悬挂标明考试点名称的标牌，设置考试点布局平面图。

（二）办公场地、考试场地、库房等场地醒目位置设置场地名称标牌、引导标识。

六、安全文化建设要求

（一）考试场地醒目位置设置安全文化墙、宣传栏等设施。

（二）考试场地醒目位置悬挂安全用语、警示标牌、考试宣传海报等。

附表

特种作业人员安全技术实际操作考场考位主要设备配备表

表 1 低压电工作业实际操作考场考位主要设备配备表

考位编号	考位名称	考位面积	考位设备设施要求			考位布置要求
			设备/设施/器材	规格/要求	数量	
科目一 安全用具使用(K1)						
K11	电力安全工器具与电工仪器仪表考位	≥10 m^2	低压验电笔	1. 测量范围:500 V 及以下。 2. 应符合现行标准《测量、控制和实验室用电气设备的安全要求 第 1 部分:通用要求》(GB 4793.1)的有关要求。	1 个	1. 考试前应设置不少于 2 个干扰项设备设施,每个干扰项设备设施应为其规格/要求中的一种。 2. 考核登高用具前,考生必须将速差自控器(防坠器)与安全带连接。 3. 考生在本考位选择安全工器具、仪器仪表进行后续考试的,考位中各种设备/设施/器材的数量应按照实际情况配备。
			携带型低压短路接地线	1. 适用电压:0.4 kV;接地棒长度:0.5 m。 2. 应符合现行标准《便携式接地和接地短路装置》(DL/T 879)、《带电作业用空心绝缘管、泡沫填充绝缘管和实心绝缘棒》(GB 13398)的有关要求。	1 套	
			绝缘凳	应符合现行标准《带电作业用绝缘硬梯》(GB/T 17620)的有关要求。	1 个	
			绝缘梯	应符合现行标准《带电作业用绝缘硬梯》(GB/T 17620)的有关要求。	1 个	

表 1 （续）

考位编号	考位名称	考位面积	考位设备设施要求				考位布置要求
			设备/设施/器材		规格/要求	数量	
K11	电力安全工器具与电工仪器仪表考位	≥10 m^2	绝缘垫		应符合现行标准《带电作业用绝缘垫》（DL/T 853）的有关要求。	1 块	
			绝缘胶带		电压等级:600 V 以下;阻燃型。	若干	
			绝缘手套		应符合现行标准《带电作业用绝缘手套》（GB/T 17622）的有关要求。	1 副	
			绝缘鞋		应符合现行标准《足部防护　安全鞋》（GB 21148）的有关要求。	1 双	
			安全帽		应符合现行标准《头部防护　安全帽》（GB 2811）的有关要求。	1 顶	
			防护眼镜		应符合现行标准《眼面防护具通用技术规范》（GB 14866）的有关要求。	1 副	
			安全绳		应符合现行标准《坠落防护　安全绳》（GB 24543）的有关要求。	1 根	
			安全带	围杆作业用安全带	应符合现行标准《坠落防护　安全带》（GB 6095）的有关要求。	1 套	
				区域限制用安全带		1 套	
				坠落悬挂用安全带		1 套	
			脚扣		应符合现行标准《坠落防护　登杆脚扣》（AQ6109）的有关要求。	1 套	

表1（续）

<table>
<tr><th rowspan="2">考位编号</th><th rowspan="2">考位名称</th><th rowspan="2">考位面积</th><th colspan="4">考位设备设施要求</th><th rowspan="2">考位布置要求</th></tr>
<tr><th>设备/设施/器材</th><th colspan="2">规格/要求</th><th>数量</th></tr>
<tr><td rowspan="13">K11</td><td rowspan="13">电力安全工器具与电工仪器仪表考位</td><td rowspan="13">≥10 m²</td><td>登高板</td><td colspan="2">应符合现行标准《电杆用登高板》（DL/T 1643）的有关要求。</td><td>1套</td><td rowspan="13"></td></tr>
<tr><td>电杆</td><td colspan="2">1. 高度不低于4 m。
2. 应符合现行标准《环形混凝土电杆》（GB/T 4623）的有关要求。</td><td>1根</td></tr>
<tr><td>工具袋</td><td colspan="2"></td><td>1个</td></tr>
<tr><td>电工通用工具</td><td colspan="2"></td><td>1套</td></tr>
<tr><td>安全标志</td><td colspan="2">1. 配备禁止、警告、指令、提示等四类电气安全标志。
2. 应符合现行标准《电气安全标志》（GB/T 29481）、《安全标志及其使用导则》（GB 2894）的有关要求。</td><td>1套</td></tr>
<tr><td rowspan="2">万用表</td><td>数字式</td><td rowspan="7">应符合现行标准《国家电气设备安全技术规范》（GB 19517）的有关要求，并符合电气设备相关的其他国家标准。</td><td>1个</td></tr>
<tr><td>指针式</td><td>1个</td></tr>
<tr><td>钳形电流表</td><td>数字式或指针式</td><td>1个</td></tr>
<tr><td rowspan="3">兆欧表</td><td>500 V指针式</td><td>1个</td></tr>
<tr><td>1000 V指针式</td><td>1个</td></tr>
<tr><td>数字式</td><td>1个</td></tr>
<tr><td>接地电阻测试仪</td><td>数字式或指针式或钳形表</td><td>1个</td></tr>
</table>

表 1（续）

<table>
<tr><th rowspan="2">考位编号</th><th rowspan="2">考位名称</th><th rowspan="2">考位面积</th><th colspan="5">考位设备设施要求</th><th rowspan="2">考位布置要求</th></tr>
<tr><th colspan="2">设备/设施/器材</th><th colspan="2">规格/要求</th><th>数量</th></tr>
<tr><td rowspan="10">K11</td><td rowspan="10">电力安全工器具与电工仪器仪表考位</td><td rowspan="10">≥10 m²</td><td colspan="2">漏电保护器测试仪</td><td>0～500 mA；
0～999 ms。</td><td rowspan="4">应符合现行标准《国家电气设备安全技术规范》（GB 19517）的有关要求，并符合电气设备相关的其他国家标准。</td><td>1 个</td><td rowspan="10"></td></tr>
<tr><td colspan="2">电阻箱</td><td>最小步进不大于 1 Ω，量程不小于 99 kΩ。</td><td>1 台</td></tr>
<tr><td colspan="2" rowspan="2">漏电保护器</td><td>C 型</td><td>1 个</td></tr>
<tr><td>D 型</td><td>1 个</td></tr>
<tr><td colspan="2">仪器仪表测试台</td><td colspan="2">1. 定制，能够模拟各类仪器仪表的电气物理量。
2. 应使用安全电压，或有短路保护、剩余电流动作保护和接地保护。
3. 应符合现行标准《通用用电设备配电设计规范》（GB 50055）、《低压配电设计规范》（GB 50054）的有关要求。</td><td>1 台</td></tr>
<tr><td rowspan="5">干扰项设备设施</td><td>低压验电笔</td><td colspan="2">无法正常使用的。</td><td>1 个</td></tr>
<tr><td>携带型低压短路接地线</td><td colspan="2">缺少附件的。</td><td>1 套</td></tr>
<tr><td>安全帽</td><td colspan="2">非标的、过期的、缺少附件的、轻微损坏的。</td><td>各 1 顶</td></tr>
<tr><td>安全带</td><td colspan="2">非标的、过期的、缺少附件的、轻微损坏的。</td><td>各 1 套</td></tr>
<tr><td>脚扣</td><td colspan="2">无法正常使用的。</td><td>1 套</td></tr>
</table>

表 1（续）

考位编号	考位名称	考位面积	考位设备设施要求				考位布置要求
			设备/设施/器材		规格/要求	数量	
K11	电力安全工器具与电工仪器仪表考位	≥10 m^2	干扰项设备设施	登高板	无法正常使用的。	1套	
				绝缘手套	过期的、损坏的。	各1副	
				绝缘鞋	过期的、损坏的。	各1双	
				万用表	外表无明显破损，未定期进行计量检定的和不能正常使用的。	各1个	
				钳形电流表	外表无明显破损，未定期进行计量检定的和不能正常使用的。	各1个	
				兆欧表	外表无明显破损，未定期进行计量检定的和不能正常使用的。	各1个	
				接地电阻测试仪	外表无明显破损，未定期进行计量检定的和不能正常使用的。	各1个	
				漏电保护器测试仪	外表无明显破损，未定期进行计量检定的和不能正常使用的。	各1个	
				其他设备设施	根据实际需求配备。		
			安全工器具存放柜		定制，满足摆放需求。	若干	
			仪器仪表摆放架		定制，满足摆放需求。	若干	
			考生作业安全防护设备设施	速差自控器（防坠器）	1. 电杆上方安装速差自控器（防坠器），速差自控器（防坠器）的安全绳长度不超过电杆高度，保证坠落发生后最小安全距离应大于1 m。 2. 应符合现行标准《坠落防护　速差自控器》（GB 24544）的有关要求。	1个	

表 1（续）

<table>
<tr><th rowspan="2">考位编号</th><th rowspan="2">考位名称</th><th rowspan="2">考位面积</th><th colspan="4">考位设备设施要求</th><th rowspan="2">考位布置要求</th></tr>
<tr><th colspan="2">设备/设施/器材</th><th>规格/要求</th><th>数量</th></tr>
<tr><td rowspan="3">K11</td><td rowspan="3">电力安全工器具与电工仪器仪表考位</td><td rowspan="3">≥10 m²</td><td rowspan="2">考生作业安全防护设备设施</td><td>安全防护垫</td><td>厚度不低于 30 cm。</td><td>若干</td><td rowspan="3"></td></tr>
<tr><td>绝缘垫</td><td>1. 仪器仪表测试台作业区域满铺。
2. 应符合现行标准《带电作业用绝缘垫》(DL/T 853)的有关要求。</td><td>1 块</td></tr>
<tr><td colspan="2">其他设备、设施、器材</td><td>根据实际需求配备。</td><td></td></tr>
<tr><td colspan="8">科目二　作业现场安全隐患排除(K2)</td></tr>
<tr><td rowspan="3">K21</td><td rowspan="3">作业现场安全隐患排除考位</td><td rowspan="3">≥5 m²</td><td colspan="2">低压电工作业现场安全风险、安全隐患、职业危害的场景</td><td></td><td>若干</td><td rowspan="3"></td></tr>
<tr><td colspan="2">电力安全工器具</td><td></td><td>1 套</td></tr>
<tr><td colspan="2">其他设备、设施、器材</td><td>根据实际需求配备。</td><td></td></tr>
<tr><td colspan="8">科目三　安全操作技术(K3)</td></tr>
<tr><td rowspan="4">K31</td><td rowspan="4">电气设备安装考位</td><td rowspan="4">≥2 m²</td><td colspan="2">电路图</td><td></td><td>若干</td><td rowspan="4"></td></tr>
<tr><td colspan="2">单相电能表</td><td rowspan="2">1. 与电路图匹配。
2. 应符合现行标准《电测量设备》(GB/T 17215)相应部分的要求。</td><td>若干</td></tr>
<tr><td colspan="2">三相四线电能表</td><td>若干</td></tr>
<tr><td colspan="2">电流表</td><td>1. 与电路图匹配。
2. 应符合现行标准《直接作用模拟指示电测量仪表及其附件》(GB/T 7676)相应部分的要求。</td><td>若干</td></tr>
</table>

表 1（续）

考位编号	考位名称	考位面积	考位设备设施要求			考位布置要求
			设备/设施/器材	规格/要求	数量	
K31	电气设备安装考位	≥2 m²	电涌保护器	1. 与电路图匹配。 2. 应符合现行标准《低压电涌保护器(SPD)第 11 部分:低压电源系统的电涌保护器　性能要求和试验方法》(GB/T 18802.11)的有关要求。	若干	
			熔断器	1. 与电路图匹配。 2. 应符合现行标准《低压开关设备和控制设备》(GB/T 14048)相应部分的要求,或符合低压开关设备和控制设备相关的其他国家标准。	若干	
			断路器(带漏电保护器)		若干	
			断路器		若干	
			剩余电流动作保护器		若干	
			交流接触器		若干	
			热继电器		若干	
			电流互感器		若干	
			按钮开关		若干	
			万能转换开关		若干	
			三档旋钮开关		若干	
			五孔插座	1. 与电路图匹配。 2. 应符合现行标准《家用和类似用途插头插座》(GB/T 2099)相应部分的要求。	若干	

表 1（续）

考位编号	考位名称	考位面积	考位设备设施要求			考位布置要求
			设备/设施/器材	规格/要求	数量	
K31	电气设备安装考位	≥2 m^2	双控开关	1. 与电路图匹配。 2. 应符合现行标准《家用和类似用途固定式电气装置的开关》（GB/T 16915）相应部分的要求。	若干	
			单控开关		若干	
			三相异步电动机	与电路图匹配。	1 台	
			灯具		1 套	
			配电箱	单排，含导轨，24 位。	1 个	
			电气设备固定背板		1 个	
			导线	单股、多股等各种颜色与多种规格线径导线。	若干	
			接线端子	非快接型，各种规格。	若干	
			线芯压接工具及模具		1 套	
			导线连接器	各种规格	若干	
			搪锡设备及焊锡丝		1 套	
			连接管	各种规格	若干	
			绝缘胶带		若干	
			接线工具，包括但不限于：剥线钳、老虎钳、尖嘴钳、工具刀、一字螺丝刀、十字螺丝刀等		1 套	

表 1（续）

考位编号	考位名称	考位面积	考位设备设施要求			考位布置要求
			设备/设施/器材	规格/要求	数量	
K31	电气设备安装考位	≥2 m²	操作台	1. 操作台应设带漏电保护的总开关，台面板应绝缘，可导电部位应接地保护，设有可以防止考生误送电的锁定装置。 2. 可根据实际情况使用安全电压。 3. 供考试用的供配电线路的设置和安装，应符合现行标准《建筑电气与智能化通用规范》（GB 55024）的有关要求。	1个	
			安全标志	1. 配备禁止、警告、指令、提示等四类电气安全标志。 2. 应符合现行标准《电气安全标志》（GB/T 29481）、《安全标志及其使用导则》（GB 2894）的有关要求。	1套	
			器材摆放架	定制，满足摆放需求。	若干	
			考生作业安全防护设备设施：绝缘垫	1. 作业区域满铺。 2. 应符合现行标准《带电作业用绝缘垫》（DL/T 853）的有关要求。	1块	
			其他设备、设施、器材	根据实际需求配备。		

表 1（续）

<table>
<tr><th rowspan="2">考位编号</th><th rowspan="2">考位名称</th><th rowspan="2">考位面积</th><th colspan="4">考位设备设施要求</th><th rowspan="2">考位布置要求</th></tr>
<tr><th colspan="2">设备/设施/器材</th><th>规格/要求</th><th>数量</th></tr>
<tr><td rowspan="9">K32</td><td rowspan="9">低压开关柜考位</td><td rowspan="9">$\geqslant 10\ m^2$</td><td rowspan="3">低压开关柜（整套）</td><td>进线柜</td><td rowspan="3">1. GCS 系列或 MNS 系列或 GCK 系列或 GGD 系列，与生产实际型号一致。
2. 应符合现行标准《低压成套开关设备和控制设备》（GB/T 7251）相应部分的要求。</td><td>1 个</td><td rowspan="9">电气设备各项防止直接触电、间接触电的保护措施应落实到位，配置、安装应符合现行标准《建筑电气与智能化通用规范》（GB 55024）的有关要求。</td></tr>
<tr><td>出线柜</td><td>1 个</td></tr>
<tr><td>补偿柜</td><td>1 个</td></tr>
<tr><td colspan="2">接线模拟图板或接线模拟屏</td><td>低压配电接线图。</td><td>1 块</td></tr>
<tr><td colspan="2">接地干线</td><td></td><td>1 套</td></tr>
<tr><td colspan="2">安全围栏</td><td></td><td>若干</td></tr>
<tr><td colspan="2">安全标志</td><td>1. 配备禁止、警告、指令、提示等四类电气安全标志。
2. 应符合现行标准《电气安全标志》（GB/T 29481）、《安全标志及其使用导则》（GB 2894）的有关要求。</td><td>1 套</td></tr>
<tr><td colspan="2">绝缘垫</td><td>应符合现行标准《带电作业用绝缘垫》（DL/T 853）的有关要求。</td><td>若干</td></tr>
<tr><td colspan="2">其他设备、设施、器材</td><td>根据实际需求配备。</td><td></td></tr>
</table>

表1（续）

<table>
<tr><th rowspan="2">考位编号</th><th rowspan="2">考位名称</th><th rowspan="2">考位面积</th><th colspan="4">考位设备设施要求</th><th rowspan="2">考位布置要求</th></tr>
<tr><th colspan="2">设备/设施/器材</th><th>规格/要求</th><th>数量</th></tr>
<tr><td rowspan="8">K33</td><td rowspan="8">临时用电系统考位</td><td rowspan="8">≥10 m²</td><td colspan="2">临时用电系统施工图</td><td></td><td>1 张</td><td rowspan="8"></td></tr>
<tr><td colspan="2">供电系统</td><td>应符合现行标准《建筑与市政工程施工现场临时用电安全技术标准》(JGJ/T 46)要求的，建筑施工现场临时用电工程专用的电源中性点直接接地的 220/380 V 三相四线制低压电力系统，且必须符合下列规定：
(1)应采用三级配电系统；
(2)应采用 TN－S 系统；
(3)应采用二级剩余电流动作保护系统。</td><td>1 套</td></tr>
<tr><td rowspan="6">总配电箱（整套）</td><td>配电箱</td><td></td><td>1 个</td></tr>
<tr><td>电压表</td><td rowspan="3">1. 与电路图匹配。
2. 应符合现行标准《电测量设备》(GB/T 17215)相应部分的要求。</td><td>1 个</td></tr>
<tr><td>电流表</td><td>3 个</td></tr>
<tr><td>三相四线电能表</td><td>1 个</td></tr>
<tr><td>转换开关</td><td>1. 与电路图匹配。
2. 应符合现行标准《低压开关设备和控制设备》(GB/T 14048)相应部分的要求。</td><td>1 个</td></tr>
<tr><td>电流互感器</td><td>1. 与电路图匹配。
2. 应符合现行标准《互感器》(GB/T 20840)相应部分的要求。</td><td>3 个</td></tr>
</table>

表 1（续）

考位编号	考位名称	考位面积	考位设备设施要求				考位布置要求
			设备/设施/器材		规格/要求	数量	
K33	临时用电系统考位	≥10 m²	总配电箱（整套）	隔离开关	1. 与电路图匹配。 2. 分断路器为透明塑壳，分断时可见分断点，带漏电保护。 3. 应符合现行标准《低压开关设备和控制设备》（GB/T 14048）相应部分的要求。	1 个	
				总断路器		1 个	
				分断路器		2 个	
			分配电箱（整套）	配电箱		1 个	
				总断路器	1. 与电路图匹配。 2. 含动力回路、照明回路。 3. 断路器为透明塑壳，在分断时可见分断点。 4. 应符合现行标准《低压开关设备和控制设备》（GB/T 14048）相应部分的要求。	1 个	
				分断路器		2 个	
			动力开关箱（整套）	开关箱		1 个	
				断路器	1. 与电路图匹配。 2. 断路器为透明塑壳，在分断时可见分断点，带漏电保护。 3. 应符合现行标准《低压开关设备和控制设备》（GB/T 14048）相应部分的要求。	1 个	

表 1（续）

<table>
<tr><th rowspan="2">考位编号</th><th rowspan="2">考位名称</th><th rowspan="2">考位面积</th><th colspan="4">考位设备设施要求</th><th rowspan="2">考位布置要求</th></tr>
<tr><th colspan="2">设备/设施/器材</th><th>规格/要求</th><th>数量</th></tr>
<tr><td rowspan="8">K33</td><td rowspan="8">临时用电系统考位</td><td rowspan="8">≥10 m²</td><td rowspan="2">照明开关箱（整套）</td><td>开关箱</td><td></td><td>1 个</td><td rowspan="8"></td></tr>
<tr><td>断路器</td><td>1. 与电路图匹配。
2. 断路器为透明塑壳，在分断时可见分断点，带漏电保护。
3. 应符合现行标准《低压开关设备和控制设备》（GB/T 14048）相应部分的要求。</td><td>1 个</td></tr>
<tr><td colspan="2">导线</td><td>单股、多股等各种颜色与多种规格线径导线。</td><td>若干</td></tr>
<tr><td colspan="2">接线端子</td><td>非快接型，各种规格。</td><td>若干</td></tr>
<tr><td colspan="2">电缆</td><td>与电路图匹配。</td><td>若干</td></tr>
<tr><td colspan="2">接地装置及临时接地连接点</td><td>应符合现行标准《建筑与市政工程施工现场临时用电安全技术标准》（JGJ/T 46）的有关要求。</td><td>若干</td></tr>
<tr><td colspan="2">电动机</td><td>380 V，带启动装置。</td><td>1 台</td></tr>
<tr><td colspan="2">照明灯具</td><td>220 V</td><td>1 套</td></tr>
</table>

表 1（续）

<table>
<tr><th rowspan="2">考位编号</th><th rowspan="2">考位名称</th><th rowspan="2">考位面积</th><th colspan="4">考位设备设施要求</th><th rowspan="2">考位布置要求</th></tr>
<tr><th colspan="2">设备/设施/器材</th><th>规格/要求</th><th>数量</th></tr>
<tr><td rowspan="7">K33</td><td rowspan="7">临时用电系统考位</td><td rowspan="7">$\geqslant 10\ m^2$</td><td colspan="2">接线工具，包括但不限于：剥线钳、老虎钳、尖嘴钳、工具刀、一字螺丝刀、十字螺丝刀、千分尺、绝缘胶布等</td><td></td><td>1 套</td><td rowspan="7"></td></tr>
<tr><td colspan="2">安全标志</td><td>1. 配备禁止、警告、指令、提示等四类电气安全标志。
2. 应符合现行标准《电气安全标志》（GB/T 29481）、《安全标志及其使用导则》（GB 2894）的有关要求。</td><td>1 套</td></tr>
<tr><td rowspan="4">干扰项设备设施</td><td>总配电箱分断路器</td><td>与电路图不匹配，不带漏电保护。</td><td>1 个</td></tr>
<tr><td>分配电箱分断路器</td><td>与电路图不匹配。</td><td>1 个</td></tr>
<tr><td>动力开关箱断路器</td><td>与电路图不匹配，不带漏电保护。</td><td>1 个</td></tr>
<tr><td>照明开关箱断路器</td><td>与电路图不匹配，不带漏电保护。</td><td>1 个</td></tr>
<tr><td>考生作业安全防护设备设施</td><td>绝缘垫</td><td>1. 作业区域满铺。
2. 应符合现行标准《带电作业用绝缘垫》（DL/T 853）的有关要求。</td><td>若干</td></tr>
</table>

表 2　高压电工作业实际操作考场考位主要设备配备表

考位编号	考位名称	考位面积	考位设备设施要求			考位布置要求
			设备/设施/器材	规格/要求	数量	
科目一　安全用具使用(K1)						
K11	电力安全工器具与电工仪器仪表考位	≥10 m²	高压验电器	1. 额定电压:10 kV;伸缩型。 2. 应符合现行标准《电容型验电器》(DL/T 740)的有关要求。	1 个	1. 考试前应设置不少于 2 个干扰项设备设施,每个干扰项设备设施应为其规格/要求中的一种。 2. 考核登高用具前,考生必须将速差自控器(防坠器)与安全带连接。 3. 考生在本考位选择安全工器具、仪器仪表进行后续考试的,考位中各种设备/设施/器材的数量应按照实际情况配备。
			高压放电棒	1. 适用电压:10 kV;带接地线夹。 2. 应符合现行标准《便携式接地和接地短路装置》(DL/T 879)、《带电作业用空心绝缘管、泡沫填充绝缘管和实心绝缘棒》(GB 13398)的有关要求。	1 个	
			高压验电信号发生器	1. 适用验电器电压等级:10 kV。 2. 应符合现行标准《合成信号发生器通用规范》(GB/T 12114)的有关要求。	1 个	
			携带型高压短路接地线	1. 适用电压:10 kV;接地棒长度:1 m。 2. 应符合现行标准《便携式接地和接地短路装置》(DL/T 879)、《带电作业用空心绝缘管、泡沫填充绝缘管和实心绝缘棒》(GB 13398)的有关要求。	1 套	

表2（续）

考位编号	考位名称	考位面积	考位设备设施要求			考位布置要求
			设备/设施/器材	规格/要求	数量	
K11	电力安全工器具与电工仪器仪表考位	≥10 m²	绝缘操作杆：带防雨罩；不带防雨罩	1. 适用电压:10 kV。 2. 应符合现行标准《带电作业用空心绝缘管、泡沫填充绝缘管和实心绝缘棒》（GB 13398）的有关要求。	各1套	
			绝缘夹钳	1. 适用电压:10 kV;自锁式。 2. 应符合现行标准《带电作业用空心绝缘管、泡沫填充绝缘管和实心绝缘棒》(GB 13398)的有关要求。	1把	
			低压验电器	1. 额定电压:0.4 kV;伸缩型。 2. 应符合现行标准《电容型验电器》(DL/T 740)的有关要求。	1个	
			低压验电笔	1. 测量范围:500 V及以下。 2. 应符合现行标准《测量、控制和实验室用电气设备的安全要求　第1部分:通用要求》(GB 4793.1)的有关要求。	1个	
			携带型低压短路接地线	1. 适用电压:0.4 kV;接地棒长度:0.5 m。 2. 应符合现行标准《便携式接地和接地短路装置》(DL/T 879)、《带电作业用空心绝缘管、泡沫填充绝缘管和实心绝缘棒》(GB 13398)的有关要求。	1套	

表 2（续）

考位编号	考位名称	考位面积	考位设备设施要求			考位布置要求
			设备/设施/器材	规格/要求	数量	
K11	电力安全工器具与电工仪器仪表考位	≥10 m^2	传递绳		1 根	
			绝缘凳	应符合现行标准《带电作业用绝缘硬梯》（GB/T 17620）的有关要求。	1 个	
			绝缘梯	应符合现行标准《带电作业用绝缘硬梯》（GB/T 17620）的有关要求。	1 个	
			绝缘垫	应符合现行标准《带电作业用绝缘垫》（DL/T 853）的有关要求。	1 块	
			绝缘手套	1. 适用电压：≥10 kV。 2. 应符合现行标准《带电作业用绝缘手套》（GB/T 17622）的有关要求。	1 副	
			绝缘靴	1. 电绝缘性能：≥10 kV。 2. 应符合现行标准《足部防护　安全鞋》（GB 21148）的有关要求。	1 双	
			绝缘鞋	应符合现行标准《足部防护　安全鞋》（GB 21148）的有关要求。	1 双	
			安全帽	应符合现行标准《头部防护　安全帽》（GB 2811）的有关要求。	1 顶	

表2（续）

<table>
<tr><th rowspan="2">考位编号</th><th rowspan="2">考位名称</th><th rowspan="2">考位面积</th><th colspan="4">考位设备设施要求</th><th rowspan="2">考位布置要求</th></tr>
<tr><th colspan="2">设备/设施/器材</th><th>规格/要求</th><th>数量</th></tr>
<tr><td rowspan="10">K11</td><td rowspan="10">电力安全工器具与电工仪器仪表考位</td><td rowspan="10">≥10 m²</td><td colspan="2">防护眼镜</td><td>应符合现行标准《眼面防护具通用技术规范》（GB 14866）的有关要求。</td><td>1副</td><td rowspan="10"></td></tr>
<tr><td colspan="2">安全绳</td><td>应符合现行标准《坠落防护　安全绳》（GB 24543）的有关要求。</td><td>1根</td></tr>
<tr><td rowspan="3">安全带</td><td>围杆作业用安全带</td><td rowspan="3">应符合现行标准《坠落防护　安全带》（GB 6095）的有关要求。</td><td>1套</td></tr>
<tr><td>区域限制用安全带</td><td>1套</td></tr>
<tr><td>坠落悬挂用安全带</td><td>1套</td></tr>
<tr><td colspan="2">脚扣</td><td>应符合现行标准《环形混凝土电杆用脚扣》（DL/T 1642）或《坠落防护　登杆脚扣》（AQ6109）的有关要求。</td><td>1套</td></tr>
<tr><td colspan="2">登高板</td><td>应符合现行标准《电杆用登高板》（DL/T 1643）的有关要求。</td><td>1套</td></tr>
<tr><td colspan="2">电杆</td><td>1. 高度不低于4 m。
2. 应符合现行标准《环形混凝土电杆》（GB/T 4623）的有关要求。</td><td>1根</td></tr>
<tr><td colspan="2">工具袋</td><td></td><td>1个</td></tr>
<tr><td colspan="2">电工通用工具</td><td></td><td>1套</td></tr>
</table>

表 2（续）

<table>
<tr><th rowspan="2">考位编号</th><th rowspan="2">考位名称</th><th rowspan="2">考位面积</th><th colspan="4">考位设备设施要求</th><th rowspan="2">考位布置要求</th></tr>
<tr><th>设备/设施/器材</th><th colspan="2">规格/要求</th><th>数量</th></tr>
<tr><td rowspan="13">K11</td><td rowspan="13">电力安全工器具与电工仪器仪表考位</td><td rowspan="13">≥10 m²</td><td>安全标志</td><td colspan="2">1. 配备禁止、警告、指令、提示等四类电气安全标志。
2. 应符合现行标准《电气安全标志》(GB/T 29481)、《安全标志及其使用导则》(GB 2894)的有关要求。</td><td>1 套</td><td rowspan="13"></td></tr>
<tr><td rowspan="2">万用表</td><td>数字式</td><td rowspan="12">应符合现行标准《国家电气设备安全技术规范》(GB 19517)的有关要求，并符合电气设备相关的其他国家标准。</td><td>1 个</td></tr>
<tr><td>指针式</td><td>1 个</td></tr>
<tr><td>钳形电流表</td><td>数字式；AC/DC600 V 以下。</td><td>1 个</td></tr>
<tr><td rowspan="3">兆欧表</td><td>500 V 指针式</td><td>1 个</td></tr>
<tr><td>1000 V 指针式</td><td>1 个</td></tr>
<tr><td>2500 V 指针式</td><td>1 个</td></tr>
<tr><td>绝缘电阻测试仪</td><td>数字式</td><td>1 个</td></tr>
<tr><td>接地电阻测试仪</td><td>数字式或指针式或钳形表</td><td>1 个</td></tr>
<tr><td>直流单臂电桥</td><td></td><td>1 个</td></tr>
<tr><td>直流电阻测试仪</td><td></td><td>1 个</td></tr>
<tr><td>电阻箱</td><td>最小步进不大于 1 Ω，量程不小于 99 kΩ。</td><td>1 台</td></tr>
</table>

表2（续）

<table>
<tr><th rowspan="2">考位编号</th><th rowspan="2">考位名称</th><th rowspan="2">考位面积</th><th colspan="5">考位设备设施要求</th><th rowspan="2">考位布置要求</th></tr>
<tr><th colspan="2">设备/设施/器材</th><th colspan="2">规格/要求</th><th>数量</th></tr>
<tr><td rowspan="11">K11</td><td rowspan="11">电力安全工器具与电工仪器仪表考位</td><td rowspan="11">≥10 m²</td><td colspan="2">仪器仪表测试台</td><td colspan="2">1. 定制，能够模拟各类仪器仪表的电气物理量。
2. 应使用安全电压，或有短路保护、剩余电流动作保护和接地保护。
3. 应符合现行标准《通用用电设备配电设计规范》（GB 50055）、《低压配电设计规范》（GB 50054）的有关要求。</td><td>1台</td><td rowspan="11"></td></tr>
<tr><td rowspan="10">干扰项设备设施</td><td>高压验电器</td><td colspan="2">无法正常使用的。</td><td>1个</td></tr>
<tr><td>高压放电棒</td><td colspan="2">缺少附件的。</td><td>1个</td></tr>
<tr><td>高压验电信号发生器</td><td colspan="2">无法正常使用的。</td><td>1个</td></tr>
<tr><td>携带型高压短路接地线</td><td colspan="2">缺少附件的。</td><td>1套</td></tr>
<tr><td rowspan="2">绝缘操作杆</td><td>带防雨罩</td><td rowspan="2">无法正常使用的。</td><td rowspan="2">各1套</td></tr>
<tr><td>不带防雨罩</td></tr>
<tr><td>绝缘夹钳</td><td colspan="2">无法正常使用的。</td><td>1把</td></tr>
<tr><td>低压验电器</td><td colspan="2">无法正常使用的。</td><td>1个</td></tr>
<tr><td>低压验电笔</td><td colspan="2">无法正常使用的。</td><td>1个</td></tr>
<tr><td>携带型低压短路接地线</td><td colspan="2">缺少附件的。</td><td>1套</td></tr>
</table>

表2（续）

考位编号	考位名称	考位面积	考位设备设施要求			考位布置要求
			设备/设施/器材	规格/要求	数量	
K11	电力安全工器具与电工仪器仪表考位	≥10 m^2	安全帽	非标的、过期的、缺少附件的、轻微损坏的。	各1顶	
			安全带	非标的、过期的、缺少附件的、轻微损坏的。	各1套	
			脚扣	无法正常使用的。	1套	
			登高板	无法正常使用的。	1套	
			绝缘手套	防护等级不足的、过期的、损坏的。	各1副	
			绝缘靴	防护等级不足的、过期的、损坏的。	各1双	
			绝缘鞋	过期的、损坏的。	各1双	
			万用表	外表无明显破损，未定期进行计量检定的和不能正常使用的。	各1个	
			钳形电流表	外表无明显破损，未定期进行计量检定的和不能正常使用的。	各1个	
			兆欧表	外表无明显破损，未定期进行计量检定的和不能正常使用的。	各1个	
			绝缘电阻测试仪	外表无明显破损，未定期进行计量检定的和不能正常使用的。	各1个	

表2（续）

考位编号	考位名称	考位面积	考位设备设施要求				考位布置要求
			设备/设施/器材		规格/要求	数量	
K11	电力安全工器具与电工仪器仪表考位	≥10 m^2	接地电阻测试仪		外表无明显破损，未定期进行计量检定的和不能正常使用的。	各1个	
			直流单臂电桥		外表无明显破损，未定期进行计量检定的和不能正常使用的。	各1个	
			直流电阻测试仪		外表无明显破损，未定期进行计量检定的和不能正常使用的。	各1个	
			其他设备设施		根据实际需求配备。		
			安全工器具存放柜		定制，满足摆放需求。	若干	
			仪器仪表摆放架		定制，满足摆放需求。	若干	
			考生作业安全防护设备设施	速差自控器（防坠器）	1. 电杆上方安装速差自控器（防坠器），速差自控器（防坠器）的安全绳长度不超过电杆高度，保证坠落发生后最小安全距离应大于1 m。 2. 应符合现行标准《坠落防护　速差自控器》（GB 24544）的有关要求。	1个	
				安全防护垫	厚度不低于30 cm。	若干	
				绝缘垫	1. 仪器仪表测试台作业区域满铺。 2. 应符合现行标准《带电作业用绝缘垫》（DL/T 853）的有关要求。	1块	
			其他设备、设施、器材		根据实际需求配备。		

表2（续）

<table>
<tr><th rowspan="2">考位编号</th><th rowspan="2">考位名称</th><th rowspan="2">考位面积</th><th colspan="4">考位设备设施要求</th><th rowspan="2">考位布置要求</th></tr>
<tr><th colspan="2">设备/设施/器材</th><th>规格/要求</th><th>数量</th></tr>
<tr><td colspan="8">科目二　作业现场安全隐患排除（K2）</td></tr>
<tr><td rowspan="3">K21</td><td rowspan="3">作业现场安全隐患排除考位</td><td rowspan="3">≥5 m²</td><td colspan="2">高低压电工作业现场安全风险、安全隐患、职业危害的场景</td><td></td><td>若干</td><td rowspan="3"></td></tr>
<tr><td colspan="2">电力安全工器具</td><td></td><td>1套</td></tr>
<tr><td colspan="2">其他设备、设施、器材</td><td>根据实际需求配备。</td><td></td></tr>
<tr><td colspan="8">科目三　安全操作技术（K3）</td></tr>
<tr><td rowspan="6">K31</td><td rowspan="6">10/0.4 kV变配电系统（成套开关柜）考位</td><td rowspan="6">≥30 m²</td><td rowspan="5">高压开关柜（整套）</td><td>进线柜</td><td rowspan="5">1. 10 kV高压开关柜，KYN系列或XGN系列或HXGN系列，与生产实际型号一致。
2. 一次侧不通电，配微机保护系统，带温湿度监测。
3. 应符合现行标准《高压交流开关设备和控制设备标准的共用技术要求》（GB/T 11022）的有关要求。</td><td>1个</td><td rowspan="6">电气设备各项防止直接触电、间接触电的保护措施应落实到位，配置、安装应符合现行标准《建筑电气与智能化通用规范》（GB 55024）的有关要求。</td></tr>
<tr><td>计量柜</td><td>1个</td></tr>
<tr><td>PT柜</td><td>1个</td></tr>
<tr><td>出线柜</td><td>1个</td></tr>
<tr><td>操作开关柜的附属配件及工器具</td><td>1套</td></tr>
<tr><td colspan="2">干式电力变压器</td><td>1. 10/0.4 kV干式电力变压器，带外壳，带温控器，不通电。
2. 应符合现行标准《干式电力变压器技术参数和要求》（GB/T 10228）的有关要求。</td><td>1台</td></tr>
</table>

表 2（续）

考位编号	考位名称	考位面积	考位设备设施要求				考位布置要求
			设备/设施/器材		规格/要求	数量	
K31	10/0.4 kV变配电系统（成套开关柜）考位	≥30 m²	低压开关柜（整套）	进线柜	1. GCS 系列或 MNS 系列或 GCK 系列或 GGD 系列，与生产实际型号一致。 2. 应符合现行标准《低压成套开关设备和控制设备》（GB/T 7251）相应部分的要求。	1 个	
				出线柜		1 个	
				补偿柜		1 个	
			接线模拟图板或接线模拟屏		高低压配电接线图。	1 套	
			电力电缆		高压或低压线路中部分线路应采用电力电缆。	若干	
			接地干线			1 套	
			安全围栏			若干	
			安全标志		1. 配备禁止、警告、指令、提示等四类电气安全标志。 2. 应符合现行标准《电气安全标志》（GB/T 29481）、《安全标志及其使用导则》（GB 2894）的有关要求。	1 套	
			绝缘垫		应符合现行标准《带电作业用绝缘垫》（DL/T 853）的有关要求。	若干	
			其他设备、设施、器材		根据实际需求配备。		

表 2（续）

<table>
<tr><th rowspan="2">考位编号</th><th rowspan="2">考位名称</th><th rowspan="2">考位面积</th><th colspan="4">考位设备设施要求</th><th rowspan="2">考位布置要求</th></tr>
<tr><th colspan="2">设备/设施/器材</th><th>规格/要求</th><th>数量</th></tr>
<tr><td rowspan="10">K32</td><td rowspan="10">10/0.4 kV 变配电系统（架空线路）考位</td><td rowspan="10">≥20 m²</td><td rowspan="10">柱上变压器台架（整套）及高低压架空线路</td><td>隔离开关</td><td>送电端隔离开关。</td><td>3 个</td><td rowspan="10"></td></tr>
<tr><td>10 kV 架空绝缘电缆及验电接地环</td><td>架空长度不低于 2.5 m，送电端接隔离开关，受电端带验电接地环，接变压器台架上的跌落式熔断器。</td><td>3 根</td></tr>
<tr><td>跌落式熔断器</td><td>1. 离地高度不低于 2.5 m。
2. 应符合现行标准《高压交流熔断器》（GB/T 15166）相应部分的要求。</td><td>3 个</td></tr>
<tr><td>验电接地环</td><td>安装在跌落式熔断器与避雷器之间的高压线上。</td><td>3 个</td></tr>
<tr><td>避雷器</td><td></td><td>3 个</td></tr>
<tr><td>油浸式电力变压器</td><td>1. 10/0.4 kV 油浸式电力变压器。
2. 应符合现行标准《油浸式电力变压器技术参数和要求》（GB/T 6451）的有关要求。</td><td>1 台</td></tr>
<tr><td>低压配电柜</td><td>内装隔离开关、断路器、电压表、计量仪表、电力电容器等设备设施。</td><td>1 套</td></tr>
<tr><td>接地扁铁</td><td></td><td>1 个</td></tr>
<tr><td>0.4 kV 架空绝缘导线及验电接地环</td><td>架空长度不低于 2.5 m，送电端带验电接地环。</td><td>4 根</td></tr>
<tr><td>配套设备设施，包括但不限于：导线、绝缘子、电杆、金具、杆上配变安全运行标志等</td><td></td><td>1 套</td></tr>
</table>

表 2（续）

考位编号	考位名称	考位面积	考位设备设施要求			考位布置要求
			设备/设施/器材	规格/要求	数量	
K32	10/0.4 kV变配电系统（架空线路）考位	≥20 m^2	作业环境显示屏	可设置和展示温度、雨、雪、雾、风向、风速等天气情况。	1 块	
			安全围栏		若干	
			安全标志	1. 配备禁止、警告、指令、提示等四类电气安全标志。 2. 应符合现行标准《电气安全标志》（GB/T 29481）、《安全标志及其使用导则》（GB 2894）的有关要求。	1 套	
			其他设备、设施、器材	根据实际需求配备。		
K33	电气设备安装考位	≥2 m^2	电路图		若干	
			单相电能表	1. 与电路图匹配。 2. 应符合现行标准《电测量设备》（GB/T 17215）相应部分的要求。	若干	
			三相四线电能表		若干	
			电流表	1. 与电路图匹配。 2. 应符合现行标准《直接作用模拟指示电测量仪表及其附件》（GB/T 7676）相应部分的要求。	若干	
			电涌保护器	1. 与电路图匹配。 2. 应符合现行标准《低压电涌保护器（SPD）第 11 部分：低压电源系统的电涌保护器　性能要求和试验方法》（GB/T 18802.11）的有关要求。	若干	

表2（续）

考位编号	考位名称	考位面积	考位设备设施要求			考位布置要求
			设备/设施/器材	规格/要求	数量	
K33	电气设备安装考位	≥2 m²	熔断器	1. 与电路图匹配。 2. 应符合现行标准《低压开关设备和控制设备》(GB/T 14048)相应部分的要求,或符合低压开关设备和控制设备相关的其他国家标准。	若干	
			断路器(带漏电保护器)		若干	
			断路器		若干	
			剩余电流动作保护器		若干	
			交流接触器		若干	
			热继电器		若干	
			电流互感器		若干	
			按钮开关		若干	
			万能转换开关		若干	
			三档旋钮开关		若干	
			五孔插座	1. 与电路图匹配。 2. 应符合现行标准《家用和类似用途插头插座》(GB/T 2099)相应部分的要求。	若干	
			双控开关	1. 与电路图匹配。 2. 应符合现行标准《家用和类似用途固定式电气装置的开关》(GB/T 16915)相应部分的要求。	若干	
			单控开关		若干	

表 2（续）

考位编号	考位名称	考位面积	考位设备设施要求			考位布置要求
			设备/设施/器材	规格/要求	数量	
K33	电气设备安装考位	≥2 m^2	三相异步电动机	与电路图匹配。	1台	
			灯具		1套	
			配电箱	单排，含导轨，24 位。	1个	
			电气设备固定背板		1个	
			导线	单股、多股等各种颜色与多种规格线径导线。	若干	
			接线端子	非快接型，各种规格。	若干	
			线芯压接工具及模具		1套	
			导线连接器	各种规格	若干	
			搪锡设备及焊锡丝		1套	
			连接管	各种规格	若干	
			绝缘胶带		若干	
			接线工具，包括但不限于：剥线钳、老虎钳、尖嘴钳、工具刀、一字螺丝刀、十字螺丝刀等		1套	

表 2（续）

<table>
<tr><th rowspan="2">考位编号</th><th rowspan="2">考位名称</th><th rowspan="2">考位面积</th><th colspan="4">考位设备设施要求</th><th rowspan="2">考位布置要求</th></tr>
<tr><th colspan="2">设备/设施/器材</th><th>规格/要求</th><th>数量</th></tr>
<tr><td rowspan="5">K33</td><td rowspan="5">电气设备安装考位</td><td rowspan="5">≥2 m²</td><td colspan="2">操作台</td><td>1. 操作台应设带漏电保护的总开关，台面板应绝缘，可导电部位应接地保护，设有可以防止考生误送电的锁定装置。
2. 可根据实际情况使用安全电压。
3. 供考试用的供配电线路的设置和安装，应符合现行标准《建筑电气与智能化通用规范》（GB 55024）的有关要求。</td><td>1 个</td><td rowspan="5"></td></tr>
<tr><td colspan="2">安全标志</td><td>1. 配备禁止、警告、指令、提示等四类电气安全标志。
2. 应符合现行标准《电气安全标志》（GB/T 29481）、《安全标志及其使用导则》（GB 2894）的有关要求。</td><td>1 套</td></tr>
<tr><td colspan="2">器材摆放架</td><td>定制，满足摆放需求。</td><td>若干</td></tr>
<tr><td>考生作业安全防护设备设施</td><td>绝缘垫</td><td>1. 作业区域满铺。
2. 应符合现行标准《带电作业用绝缘垫》（DL/T 853）的有关要求。</td><td>1 块</td></tr>
<tr><td colspan="2">其他设备、设施、器材</td><td>根据实际需求配备。</td><td></td></tr>
</table>

表 3　熔化焊接与热切割作业实际操作考场考位主要设备配备表

考位编号	考位名称	考位面积	考位设备设施要求				考位布置要求
			设备/设施/器材		规格/要求	数量	
科目一　安全用具使用(K1)							
K11	安全用具考位	≥10 m^2	安全帽		应符合现行标准《头部防护　安全帽》(GB 2811)的有关要求。	1 顶	1. 考试前应设置不少于 2 个干扰项设备设施，每个干扰项设备设施应为其规格/要求中的一种。 2. 考生在本考位选择防护用品进行后续考试的，考位中各种设备/设施/器材的数量应按照实际情况配备。
			面罩	手持式面罩	应符合现行标准《职业眼面部防护　焊接防护　第 1 部分：焊接防护具》(GB/T 3609. 1)的有关要求。	1 个	
				头戴式面罩		1 个	
				安全帽与面罩组合式面罩		1 个	
			焊接护目镜		应符合现行标准《职业眼面部防护　焊接防护　第 1 部分：焊接防护具》(GB/T 3609. 1)的有关要求。	1 副	
			滤光片		1. 进行焊条电弧焊、二氧化碳焊、氩弧焊、气焊(割)作业所需的遮光号规格。 2. 应符合现行标准《职业眼面部防护　焊接防护　第 1 部分：焊接防护具》(GB/T 3609. 1)的有关要求。	各 1 片	
			防冲击护目镜		应符合现行标准《眼面防护具通用技术规范》(GB 14866)的有关要求。	1 副	

表3（续）

考位编号	考位名称	考位面积	考位设备设施要求			考位布置要求
			设备/设施/器材	规格/要求	数量	
K11	安全用具考位	≥10 m^2	防尘口罩	应符合现行标准《焊接与切割安全》(GB 9448)的有关要求。	1个	
			防毒面具		1个	
			耳套、耳塞		各1副	
			手套	应符合现行标准《焊工防护手套》(AQ 6103)的有关要求。	1副	
			防护服	应符合现行标准《防护服装　焊接服》(GB 8965.2)的有关要求。	1套	
			披肩、头蓬及套袖	1. 耐火材质。 2. 应符合现行标准《焊接与切割安全》(GB 9448)的有关要求。	1套	
			围裙		1个	
			护腿		1副	
			脚盖		1副	
			安全鞋	1. 带钢包头、防扎皮鞋。 2. 应符合现行标准《足部防护　安全鞋》(GB 21148)的有关要求。	1双	
			坠落悬挂用安全带	1. 耐火材质。 2. 应符合现行标准《坠落防护　安全带》(GB 6095)的有关要求。	1套	

表3（续）

<table>
<tr><th rowspan="2">考位编号</th><th rowspan="2">考位名称</th><th rowspan="2">考位面积</th><th colspan="4">考位设备设施要求</th><th rowspan="2">考位布置要求</th></tr>
<tr><th colspan="2">设备/设施/器材</th><th>规格/要求</th><th>数量</th></tr>
<tr><td rowspan="12">K11</td><td rowspan="12">安全用具考位</td><td rowspan="12">$\geqslant 10\ m^2$</td><td rowspan="9">干扰项设备设施</td><td>安全帽</td><td>非标的、过期的、缺少附件的、轻微损坏的。</td><td>各1顶</td><td rowspan="12"></td></tr>
<tr><td>面罩</td><td>损坏的手持式、头戴式、安全帽与面罩组合式面罩。</td><td>各1个</td></tr>
<tr><td>平光眼镜</td><td></td><td>1副</td></tr>
<tr><td>白玻璃片</td><td>大小与滤光片一致。</td><td>若干</td></tr>
<tr><td>手套</td><td>帆布、棉纱。</td><td>各1副</td></tr>
<tr><td>工作服</td><td>长袖棉质、长袖化纤。</td><td>各1套</td></tr>
<tr><td>帽子</td><td>化纤</td><td>1顶</td></tr>
<tr><td>鞋</td><td>布面胶鞋</td><td>1双</td></tr>
<tr><td>坠落悬挂用安全带</td><td>非标的、过期的、缺少附件的、轻微损坏的。</td><td>各1套</td></tr>
<tr><td colspan="2">器材摆放架</td><td>定制，满足摆放需求。</td><td>若干</td></tr>
<tr><td colspan="2">衣架</td><td>定制，满足摆放需求。</td><td>若干</td></tr>
<tr><td colspan="2">其他设备、设施、器材</td><td>根据实际需求配备。</td><td></td></tr>
</table>

表3（续）

考位编号	考位名称	考位面积	考位设备设施要求			考位布置要求
			设备/设施/器材	规格/要求	数量	
科目二　作业现场安全隐患排除（K2）						
K21	作业现场安全隐患排除考位	≥9 m^2	外壳破损的焊条电弧焊机、二氧化碳气体保护焊机、氩弧焊机		各1台	
			损坏的焊条电弧焊钳、二氧化碳气体保护焊枪、氩弧焊枪		各1把	
			外皮破损的焊机二次线		1根	
			有问题的实物仿真氧气瓶、实物仿真乙炔气瓶		各1个	
			没有配置回火装置的乙炔表		1个	
			实物仿真汽油桶、实物仿真油漆桶		各1个	
			木板或木棍		1个	
			纸板或纸团		1个	
			其他设备、设施、器材	根据实际需求配备。		

表3（续）

考位编号	考位名称	考位面积	考位设备设施要求			考位布置要求
			设备/设施/器材	规格/要求	数量	
科目三　安全操作技术(K3)						
K31	焊条电弧焊考位	≥9 m^2	焊条电弧焊机	1. 焊机参数要求： (1)额定输入电压：三相380 V； (2)额定输入功率：≥14 kW。 2. 应符合现行标准《弧焊设备　第1部分：焊接电源》(GB/T 15579.1)、《电弧焊机通用技术条件》(GB/T 8118)的有关要求。	1台	1. 考位电源采用三相五线制布线，按照“一机一闸一保护”要求设置电源，焊机要有可靠的接地。 2. 考位应符合现行标准《焊接与切割安全》(GB 9448)规定的工作区域防护、通风、灭火、电弧焊接及切割安全等有关要求。 3. 考试前应设置不少于2个干扰项设备设施。 4. 考生在作业前，必须按照《焊接与切割安全》(GB 9448)要求做好人身防护；考核高处焊条电弧焊作业时，在攀登移动式操作平台前，必须将速差自控器(防坠器)与安全带连接。
			电焊钳及配套电缆线	1. 与焊机匹配，电缆线长度不小于3 m。 2. 应符合现行标准《弧焊设备　第11部分：电焊钳》(GB/T 15579.11)的有关要求。	1套	
			焊接夹钳及配套电缆线	1. 与焊机匹配，电缆线长度不小于3 m。 2. 应符合现行标准《弧焊设备　第13部分：焊接夹钳》(GB/T 15579.13)的有关要求。	1套	
			焊条	Φ2.5～4.0 mm，低碳钢焊条	若干	
			焊条保温桶		1个	
			焊条头回收桶		1个	

表3（续）

考位编号	考位名称	考位面积	考位设备设施要求			考位布置要求
			设备/设施/器材	规格/要求	数量	
K31	焊条电弧焊考位	≥9 m²	焊接板材	1. 规格：厚度4～10 mm、长度150 mm、宽度50 mm。 2. 牌号：Q235。	若干	
			工作台	定制	1个	
			焊架	定制	1个	
			常用工器具，包括但不限于：活扳手、清渣锤、钳子、一字螺丝刀、十字螺丝刀、宽刃扁錾、角磨机、钢丝刷等	各类工器具的型号规格应满足作业需要。	1套	
			工具袋		1个	
			焊接除尘设备	应符合现行标准《焊接烟尘捕集和分离设备》（GB/T 43917）相应部分的要求。	1套	
			移动式操作平台（门式架），包括但不限于：防护栏杆、门架及配件、爬梯、脚轮等	1. 满足搭设1层所需的构配件。 2. 门架及配件应符合现行标准《门式钢管脚手架》（JG/T 13）的有关要求。 3. 脚轮应符合现行标准《工业脚轮和车轮》（GB/T 14687）的有关要求，可调高度、可制动，万向脚轮。	1套	
			焊渣接火斗		1个	
			焊接防火布		若干	

表 3（续）

考位编号	考位名称	考位面积	考位设备设施要求				考位布置要求
			设备/设施/器材		规格/要求	数量	
K31	焊条电弧焊考位	≥9 m²	干粉灭火器、二氧化碳灭火器		1. 手提式。 2. 应符合现行标准《手提式灭火器》（GB 4351）的有关要求。	各 1 个	
			安全围栏			若干	
			安全标志		1. 配备禁止、警告、指令、提示等四类安全标志。 2. 应符合现行标准《安全标志及其使用导则》（GB 2894）的有关要求。	1 套	
			干扰项设备设施	实物仿真汽油桶		1 个	
				实物仿真油漆桶		1 个	
				木板或木棍		1 个	
				纸板或纸团		1 个	
				实物仿真氧气瓶		1 个	
				实物仿真乙炔瓶		1 个	
				其他设备设施	根据实际需求配备。		
			考生作业安全防护设备设施	速差自控器（防坠器）	1. 速差自控器（防坠器）的安全绳长度不超过挂点至地面的距离，保证坠落发生后最小安全距离应大于 1 m。 2. 应符合现行标准《坠落防护 速差自控器》（GB 24544）的有关要求。	1 个	
			其他设备、设施、器材		根据实际需求配备。		

表3（续）

考位编号	考位名称	考位面积	考位设备设施要求			考位布置要求
			设备/设施/器材	规格/要求	数量	
K32	二氧化碳气体保护焊考位	≥9 m^2	二氧化碳气体保护焊机	1. 焊机参数要求： （1）额定输入电压：三相 380 V； （2）额定输入功率：≥14 kW。 2. 应符合现行标准《弧焊设备　第 1 部分：焊接电源》（GB/T 15579.1）、《电弧焊机通用技术条件》（GB/T 8118）的有关要求。	1 台	1. 考位电源采用三相五线制布线，按照“一机一闸一保护”要求设置电源，焊机要有可靠的接地。 2. 考位应符合现行标准《焊接与切割安全》（GB 9448）规定的工作区域防护、通风、灭火、电弧焊接及切割安全等有关要求。 3. 考试前应设置不少于 2 个干扰项设备设施。 4. 考生在作业前，必须按照《焊接与切割安全》（GB 9448）要求做好人身防护。
			送丝装置	1. 与焊机匹配。 2. 应符合现行标准《弧焊设备　第 5 部分：送丝装置》（GB/T 15579.5）的有关要求。	1 台	
			焊枪	1. 与焊机匹配，长度不小于 3 m。 2. 应符合现行标准《弧焊设备　第 7 部分：焊炬（枪）》（GB/T 15579.7）的有关要求。	1 套	
			焊接夹钳及配套电缆线	1. 与焊机匹配，电缆线长度不小于 3 m。 2. 应符合现行标准《弧焊设备　第 13 部分：焊接夹钳》（GB/T 15579.13）的有关要求。	1 套	
			二氧化碳气瓶及相关附件	1. 气瓶应在检验有效期内，有警示标签和充装产品合格标签。 2. 应符合现行标准《钢质焊接气瓶》（GB/T 5100）的有关要求或《钢质无缝气瓶》（GB/T 5099）相应部分的要求。	1 个	

表3（续）

考位编号	考位名称	考位面积	考位设备设施要求			考位布置要求
			设备/设施/器材	规格/要求	数量	
K32	二氧化碳气体保护焊考位	≥9 m^2	气瓶防倾倒装置		1套	
			二氧化碳减压器高压表、流量计及加热器	应符合现行标准《焊接、切割及类似工艺用气瓶减压器》(GB/T 7899)的有关要求。	1个	
			二氧化碳焊丝	Φ0.8～1.2 mm，实心焊丝或药芯焊丝。	若干	
			焊丝头回收桶		1个	
			焊接板材	1. 规格：厚度4～10 mm、长度150 mm、宽度50 mm。 2. 牌号：Q235。	若干	
			工作台	定制	1个	
			焊架	定制	1个	
			常用工器具，包括但不限于：活扳手、清渣锤、钳子、斜口钳、一字螺丝刀、十字螺丝刀、宽刃扁錾、角磨机、钢丝刷等	各类工器具的型号规格应满足作业需要。	1套	
			工具袋		1个	
			焊接除尘设备	应符合现行标准《焊接烟尘捕集和分离设备》(GB/T 43917)相应部分的要求。	1套	

表 3（续）

考位编号	考位名称	考位面积	考位设备设施要求				考位布置要求
			设备/设施/器材		规格/要求	数量	
K32	二氧化碳气体保护焊考位	≥9 m²	干粉灭火器、二氧化碳灭火器		1. 手提式。 2. 应符合现行标准《手提式灭火器》(GB 4351)的有关要求。	各 1 个	
			安全围栏			若干	
			安全标志		1. 配备禁止、警告、指令、提示等四类安全标志。 2. 应符合现行标准《安全标志及其使用导则》(GB 2894)的有关要求。	1 套	
			干扰项设备设施	实物仿真汽油桶		1 个	
				实物仿真油漆桶		1 个	
				木板或木棍		1 个	
				纸板或纸团		1 个	
				实物仿真氧气瓶		1 个	
				实物仿真乙炔瓶		1 个	
				其他设备设施	根据实际需求配备。		
			其他设备、设施、器材		根据实际需求配备。		

表 3（续）

<table>
<tr><th rowspan="2">考位编号</th><th rowspan="2">考位名称</th><th rowspan="2">考位面积</th><th colspan="3">考位设备设施要求</th><th rowspan="2">考位布置要求</th></tr>
<tr><th>设备/设施/器材</th><th>规格/要求</th><th>数量</th></tr>
<tr><td rowspan="7">K33</td><td rowspan="7">氩弧焊考位</td><td rowspan="7">≥9 m²</td><td>氩弧焊机</td><td>1. 焊机参数要求：
(1)额定输入电压：三相 380 V；
(2)额定输入功率：≥14 kW。
2. 应符合现行标准《弧焊设备 第1部分：焊接电源》(GB/T 15579.1)、《电弧焊机通用技术条件》(GB/T 8118)的有关要求。</td><td>1台</td><td rowspan="7">1. 考位电源采用三相五线制布线，按照“一机一闸一保护”要求设置电源，焊机要有可靠的接地。
2. 考位应符合现行标准《焊接与切割安全》(GB 9448)规定的工作区域防护、通风、灭火、电弧焊接及切割安全等有关要求。
3. 考试前应设置不少于2个干扰项设备设施。
4. 考生在作业前，必须按照《焊接与切割安全》(GB 9448)要求做好人身防护。</td></tr>
<tr><td>焊枪</td><td>1. 与焊机匹配，长度不小于 3 m。
2. 应符合现行标准《弧焊设备 第7部分：焊炬(枪)》(GB/T 15579.7)的有关要求。</td><td>1套</td></tr>
<tr><td>焊接夹钳及配套电缆线</td><td>1. 与焊机匹配，电缆线长度不小于 3 m。
2. 应符合现行标准《弧焊设备 第13部分：焊接夹钳》(GB/T 15579.13)的有关要求。</td><td>1套</td></tr>
<tr><td>氩气瓶及相关附件</td><td>1. 气瓶应在检验有效期内，有警示标签和充装产品合格标签。
2. 应符合现行标准《钢质焊接气瓶》(GB/T 5100)的有关要求或《钢质无缝气瓶》(GB/T 5099)相应部分的要求。</td><td>1套</td></tr>
<tr><td>气瓶防倾倒装置</td><td></td><td>1套</td></tr>
<tr><td>氩气减压器高压表及流量计</td><td>应符合现行标准《焊接、切割及类似工艺用气瓶减压器》(GB/T 7899)的有关要求。</td><td>1个</td></tr>
</table>

表 3（续）

考位编号	考位名称	考位面积	考位设备设施要求			考位布置要求
			设备/设施/器材	规格/要求	数量	
K33	氩弧焊考位	≥9 m^2	氩弧焊丝	Φ2.0～2.5 mm，实心焊丝。	若干	
			钟钨极	Φ1.0～2.5 mm	若干	
			焊丝头回收桶		1 个	
			焊接板材	1. 规格：厚度 3～6 mm、长度 150 mm、宽度 50 mm。 2. 牌号：Q235。	若干	
			工作台	定制	1 个	
			焊架	定制	1 个	
			常用工器具，包括但不限于：活扳手、清渣锤、钳子、一字螺丝刀、十字螺丝刀、宽刃扁錾、角磨机、钢丝刷等	各类工器具的型号规格应满足作业需要。	1 套	
			工具袋		1 个	
			焊接除尘设备	应符合现行标准《焊接烟尘捕集和分离设备》（GB/T 43917）相应部分的要求。	1 套	
			干粉灭火器、二氧化碳灭火器	1. 手提式。 2. 应符合现行标准《手提式灭火器》（GB 4351）的有关要求。	各 1 个	
			安全围栏		若干	

表3（续）

考位编号	考位名称	考位面积	考位设备设施要求				考位布置要求
			设备/设施/器材		规格/要求	数量	
K33	氩弧焊考位	≥9 m²	安全标志		1. 配备禁止、警告、指令、提示等四类安全标志。 2. 应符合现行标准《安全标志及其使用导则》（GB 2894）的有关要求。	1套	
			干扰项设备设施	实物仿真汽油桶		1个	
				实物仿真油漆桶		1个	
				木板或木棍		1个	
				纸板或纸团		1个	
				实物仿真氧气瓶		1个	
				实物仿真乙炔瓶		1个	
				其他设备设施	根据实际需求配备。		
			其他设备、设施、器材		根据实际需求配备。		
K34	气焊（割）考位	≥9 m²	氧气瓶及相关附件		1. 气瓶应在检验有效期内，有警示标签和充装产品合格标签。 2. 应符合现行标准《钢质焊接气瓶》（GB/T 5100）的有关要求或《钢质无缝气瓶》（GB/T 5099）相应部分的要求。	1套	1. 考位应符合现行标准《焊接与切割安全》（GB 9448）规定的工作区域防护、通风、灭火、氧燃气焊接及切割安全等有关要求，可以根据场地情

表3（续）

考位编号	考位名称	考位面积	考位设备设施要求			考位布置要求
			设备/设施/器材	规格/要求	数量	
K34	气焊(割)考位	≥9 m^2	乙炔瓶及相关附件	1. 气瓶应在检验有效期内,有警示标签和充装产品合格标签。 2. 应符合现行标准《钢质焊接气瓶》(GB/T 5100)的有关要求或《钢质无缝气瓶》(GB/T 5099)相应部分的要求。	1套	况分开设置气焊考位、高处气割考位。 2. 考位外分别设置氧气瓶存放区、乙炔瓶存放区,存放区应设置相应气体的危险性浓度探测报警装置,避免阳光直射,应符合气瓶存放有关的通风、温湿度等要求,应符合各类气瓶之间、各类气瓶与动火区域的安全距离要求。 3. 储存量超过5瓶乙炔的考试点,应设置储存室,储存室应符合国家有关建设标准和安全规定。 4. 有条件的考试点可使用汇流排式管道输送乙炔和氧气,输气管道应符合国家有关规定和标准。
			气瓶防倾倒装置		2套	
			氧气减压器	应符合现行标准《焊接、切割及类似工艺用气瓶减压器》(GB/T 7899)的有关要求。	1套	
			乙炔减压器	应符合现行标准《焊接、切割及类似工艺用气瓶减压器》(GB/T 7899)的有关要求。	1套	
			氧气回火防止器	应符合现行标准《干式回火防止器》(JB/T 7437)的有关要求。	1个	
			乙炔回火防止器	应符合现行标准《干式回火防止器》(JB/T 7437)的有关要求。	1个	
			氧气胶管	1. 长度不小于10 m。 2. 应符合现行标准《气体焊接设备 焊接、切割和类似作业用橡胶软管》(GB/T 2550)的有关要求。	1根	

表 3（续）

考位编号	考位名称	考位面积	考位设备设施要求			考位布置要求
			设备/设施/器材	规格/要求	数量	
K34	气焊(割)考位	≥9 m²	乙炔胶管	1. 长度不小于 10 m。 2. 应符合现行标准《气体焊接设备 焊接、切割和类似作业用橡胶软管》(GB/T 2550)的有关要求。	1 根	5. 考试前应设置不少于 2 个干扰项设备设施。 6. 考生在作业前，必须按照《焊接与切割安全》(GB 9448)要求做好人身防护；考核高处气割作业时，在攀登移动式操作平台前，必须将速差自控器(防坠器)与安全带连接。 7. 允许使用其他可燃气体替代乙炔气体，使用其他可燃气体时，配套的气瓶、减压器、回火防止器、胶管等相关组件应符合国家有关规定和标准。
			焊炬	1. H01－6。 2. 应符合现行标准《气焊设备 焊接、切割及相关工艺用炬》(JB/T 7947)的有关要求。	1 个	
			割炬	1. G01－30。 2. 应符合现行标准《气焊设备 焊接、切割及相关工艺用炬》(JB/T 7947)的有关要求。	1 个	
			点火器		1 个	
			焊丝	Φ2.0～3.0 mm，H08 A。	若干	
			焊丝头回收桶		1 个	
			气焊板材	1. 规格：厚度 2～6 mm、长度 150 mm、宽度 50 mm。 2. 牌号：Q235。	若干	
			气割板材	1. 规格：厚度 4～12 mm、长度 150 mm、宽度 100 mm。 2. 牌号：Q235。	若干	

表3（续）

考位编号	考位名称	考位面积	考位设备设施要求			考位布置要求
			设备/设施/器材	规格/要求	数量	
K34	气焊(割)考位	≥9 m^2	工作台	定制	1个	
			焊架	定制	1个	
			接火斗	定制	1个	
			肥皂水(气体检漏)		若干	
			常用工器具,包括但不限于:活扳手、清渣锤、钳子、一字螺丝刀、十字螺丝刀、通针、气管卡箍、宽刃扁錾、角磨机、钢丝刷等	各类工器具的型号规格应满足作业需要。	1套	
			焊接除尘设备	应符合现行标准《焊接烟尘捕集和分离设备》(GB/T 43917)相应部分的要求。	1套	
			移动式操作平台(门式架),包括但不限于:防护栏杆、门架及配件、爬梯、脚轮等	1. 满足搭设1层所需的构配件。 2. 门架及配件应符合现行标准《门式钢管脚手架》(JG/T 13)的有关要求。 3. 脚轮应符合现行标准《工业脚轮和车轮》(GB/T 14687)的有关要求,可调高度、可制动,万向脚轮。	1套	
			焊渣接火斗		1个	
			焊接防火布		若干	

表3（续）

考位编号	考位名称	考位面积	考位设备设施要求				考位布置要求
			设备/设施/器材		规格/要求	数量	
K34	气焊(割)考位	≥9 m^2	干粉灭火器、二氧化碳灭火器		1. 手提式。 2. 应符合现行标准《手提式灭火器》(GB 4351)的有关要求。	各1个	
			安全围栏			若干	
			安全标志		1. 配备禁止、警告、指令、提示等四类安全标志。 2. 应符合现行标准《安全标志及其使用导则》(GB 2894)的有关要求。	1套	
			干扰项设备设施	实物仿真汽油桶		1个	
				实物仿真油漆桶		1个	
				木板或木棍		1个	
				纸板或纸团		1个	
				实物仿真氧气瓶	无倾倒装置或损坏的。	1个	
				实物仿真乙炔瓶	无倾倒装置或损坏的。	1个	
				其他设备设施	根据实际需求配备。		
			考生作业安全防护设备设施	速差自控器（防坠器）	1. 速差自控器(防坠器)的安全绳长度不超过挂点至地面的距离，保证坠落发生后最小安全距离应大于1 m。 2. 应符合现行标准《坠落防护　速差自控器》(GB 24544)的有关要求。	1个	
			其他设备、设施、器材		根据实际需求配备。		

表4　压力焊作业实际操作考场考位主要设备配备表

考位编号	考位名称	考位面积	考位设备设施要求				考位布置要求
			设备/设施/器材		规格/要求	数量	
科目一　安全用具使用(K1)							
K11	安全用具考位	≥5 m²	安全帽		应符合现行标准《头部防护　安全帽》(GB 2811)的有关要求。	1顶	1. 考试前应设置不少于2个干扰项设备设施，每个干扰项设备设施应为其规格/要求中的一种。 2. 考生在本考位选择防护用品进行后续考试的，考位中各种设备/设施/器材的数量应按照实际情况配备。
			面罩	手持式面罩	应符合现行标准《职业眼面部防护　焊接防护　第1部分：焊接防护具》(GB/T 3609.1)的有关要求。	1个	
				头戴式面罩		1个	
				安全帽与面罩组合式面罩		1个	
			焊接护目镜		应符合现行标准《职业眼面部防护　焊接防护　第1部分：焊接防护具》(GB/T 3609.1)的有关要求。	1副	
			滤光片		1. 进行电阻焊作业所需的遮光号规格。 2. 应符合现行标准《职业眼面部防护　焊接防护　第1部分：焊接防护具》(GB/T 3609.1)的有关要求。	各1个	
			防冲击护目镜		应符合现行标准《眼面防护具通用技术规范》(GB 14866)的有关要求。	1副	
			防尘口罩		应符合现行标准《焊接与切割安全》(GB 9448)的有关要求。	1个	
			防毒面具			1个	
			耳套、耳塞			各1个	

表 4（续）

考位编号	考位名称	考位面积	考位设备设施要求			考位布置要求
			设备/设施/器材	规格/要求	数量	
K11	安全用具考位	≥5 m²	手套	应符合现行标准《焊工防护手套》（AQ 6103）的有关要求。	1 副	
			绝缘手套	应符合现行标准《带电作业用绝缘手套》（GB/T 17622）的有关要求。	1 副	
			防护服	应符合现行标准《防护服装　焊接服》（GB 8965.2）的有关要求。	1 套	
			披肩、头蓬及套袖	1. 耐火材质。 2. 应符合现行标准《焊接与切割安全》（GB 9448）的有关要求。	1 套	
			围裙		1 个	
			护腿		1 副	
			脚盖		1 副	
			安全鞋	1. 带钢包头、防扎皮鞋。 2. 应符合现行标准《足部防护　安全鞋》（GB 21148）的有关要求。	1 双	
			绝缘鞋	应符合现行标准《足部防护　安全鞋》（GB 21148）的有关要求。	1 双	
			坠落悬挂用安全带	1. 耐火材质。 2. 应符合现行标准《坠落防护　安全带》（GB 6095）的有关要求。	1 套	

表4（续）

考位编号	考位名称	考位面积	考位设备设施要求				考位布置要求
			设备/设施/器材		规格/要求	数量	
K11	安全用具考位	≥5 m²	干扰项设备设施	安全帽	非标的、过期的、缺少附件的、轻微损坏的。	各1顶	
				面罩	损坏的手持式、头戴式、安全帽与面罩组合式面罩。	各1个	
				平光眼镜		1副	
				白玻璃片	大小与滤光片一致。	若干	
				手套	帆布、棉纱。	各1副	
				工作服	长袖棉质、长袖化纤。	各1套	
				帽子	化纤	1顶	
				鞋	布面胶鞋	1双	
				坠落悬挂用安全带	非标的、过期的、缺少附件的、轻微损坏的。	各1套	
				其他设备设施	根据实际需求配备。		
			器材摆放架		定制，满足摆放需求。	若干	
			衣架		定制，满足摆放需求。	若干	
			其他设备、设施、器材		根据实际需求配备。		

表4（续）

<table>
<tr><th rowspan="2">考位编号</th><th rowspan="2">考位名称</th><th rowspan="2">考位面积</th><th colspan="3">考位设备设施要求</th><th rowspan="2">考位布置要求</th></tr>
<tr><th>设备/设施/器材</th><th>规格/要求</th><th>数量</th></tr>
<tr><td colspan="7">科目二　作业现场安全隐患排除（K2）</td></tr>
<tr><td rowspan="2">K21</td><td rowspan="2">作业现场安全隐患排除考位</td><td rowspan="2">≥5 m²</td><td>压力焊作业现场安全风险、安全隐患、职业危害的场景</td><td></td><td>若干</td><td rowspan="2"></td></tr>
<tr><td>其他设备、设施、器材</td><td>根据实际需求配备。</td><td></td></tr>
<tr><td colspan="7">科目三　安全操作技术（K3）</td></tr>
<tr><td rowspan="4">K31</td><td rowspan="4">点焊考位</td><td rowspan="4">≥9 m²</td><td>点焊机及配套设备</td><td>1. 焊机参数要求：
（1）电源电压：380 V；
（2）额定容量：≥16 kVA；
（3）规格：手持移动、单点。
2. 应符合现行标准《电阻焊机的安全要求》（GB 15578）、《电阻焊　电阻焊设备　机械和电气要求》（GB/T 8366）、《移动式点焊机》（GB/T 25443）的有关要求。</td><td>1套</td><td rowspan="4">1. 考位电源采用三相五线制布线，按照“一机一闸一保护”要求设置电源，焊机要有可靠的接地。
2. 考位应符合现行标准《焊接与切割安全》（GB 9448）规定的工作区域防护、通风、灭火、电阻焊安全等有关要求。
3. 考试前应设置不少于2个干扰项设备设施。
4. 考生在作业前，必须按照《焊接与切割安全》（GB 9448）要求做好人身防护；考</td></tr>
<tr><td>点焊板材</td><td>规格：厚度0.5～5 mm、长度250 mm、宽度100 mm。</td><td>若干</td></tr>
<tr><td>常用工器具</td><td>根据实际需求配备，各类工器具的型号规格应满足作业需要。</td><td>1套</td></tr>
<tr><td>焊接除尘设备</td><td>应符合现行标准《焊接烟尘捕集和分离设备》（GB/T 43917）相应部分的要求。</td><td>1套</td></tr>
</table>

表4（续）

<table>
<tr><th rowspan="2">考位编号</th><th rowspan="2">考位名称</th><th rowspan="2">考位面积</th><th colspan="4">考位设备设施要求</th><th rowspan="2">考位布置要求</th></tr>
<tr><th colspan="2">设备/设施/器材</th><th>规格/要求</th><th>数量</th></tr>
<tr><td rowspan="10">K31</td><td rowspan="10">点焊考位</td><td rowspan="10">≥9 m²</td><td colspan="2">移动式操作平台（门式架），包括但不限于：防护栏杆、门架及配件、爬梯、脚轮等</td><td>1. 满足搭设1层所需的构配件。
2. 门架及配件应符合现行标准《门式钢管脚手架》（JG/T 13）的有关要求。
3. 脚轮应符合现行标准《工业脚轮和车轮》（GB/T 14687）的有关要求，可调高度、可制动，万向脚轮。</td><td>1套</td><td rowspan="10">核高处点焊作业时，在攀登移动式操作平台前，必须将速差自控器（防坠器）与安全带连接。</td></tr>
<tr><td colspan="2">焊渣接火斗</td><td></td><td>1个</td></tr>
<tr><td colspan="2">焊接防火布</td><td></td><td>若干</td></tr>
<tr><td colspan="2">干粉灭火器、二氧化碳灭火器</td><td>1. 手提式。
2. 应符合现行标准《手提式灭火器》（GB 4351）的有关要求。</td><td>各1个</td></tr>
<tr><td colspan="2">安全围栏</td><td></td><td>若干</td></tr>
<tr><td colspan="2">安全标志</td><td>1. 配备禁止、警告、指令、提示等四类安全标志。
2. 应符合现行标准《安全标志及其使用导则》（GB 2894）的有关要求。</td><td>1套</td></tr>
<tr><td rowspan="4">干扰项设备设施</td><td>实物仿真汽油桶</td><td></td><td>1个</td></tr>
<tr><td>实物仿真油漆桶</td><td></td><td>1个</td></tr>
<tr><td>木板或木棍</td><td></td><td>1个</td></tr>
<tr><td>纸板或纸团</td><td></td><td>1个</td></tr>
</table>

表4（续）

<table>
<tr><th rowspan="2">考位编号</th><th rowspan="2">考位名称</th><th rowspan="2">考位面积</th><th colspan="4">考位设备设施要求</th><th rowspan="2">考位布置要求</th></tr>
<tr><th colspan="2">设备/设施/器材</th><th>规格/要求</th><th>数量</th></tr>
<tr><td rowspan="5">K31</td><td rowspan="5">点焊考位</td><td rowspan="5">≥9 m²</td><td rowspan="3">干扰项设备设施</td><td>实物仿真氧气瓶</td><td></td><td>1个</td><td rowspan="5"></td></tr>
<tr><td>实物仿真乙炔瓶</td><td></td><td>1个</td></tr>
<tr><td>其他设备设施</td><td>根据实际需求配备。</td><td></td></tr>
<tr><td>考生作业安全防护设备设施</td><td>速差自控器（防坠器）</td><td>1. 速差自控器（防坠器）的安全绳长度不超过挂点至地面的距离，保证坠落发生后最小安全距离应大于1 m。
2. 应符合现行标准《坠落防护　速差自控器》（GB 24544）的有关要求。</td><td>1个</td></tr>
<tr><td colspan="2">其他设备、设施、器材</td><td>根据实际需求配备。</td><td></td></tr>
<tr><td rowspan="3">K32</td><td rowspan="3">对焊考位</td><td rowspan="3">≥9 m²</td><td colspan="2">对焊机及配套设备</td><td>1. 焊机参数要求：
（1）电源电压：380 V；
（2）额定容量：≥25 kVA。
2. 应符合现行标准《电阻焊机的安全要求》（GB 15578）、《电阻焊　电阻焊设备机械和电气要求》（GB/T 8366）、《固定式对焊机》（GB/T 25311）的有关要求。</td><td>1套</td><td rowspan="3">1. 考位电源采用三相五线制布线，按照"一机一闸一保护"要求设置电源，焊机要有可靠的接地。
2. 考位应符合现行标准《焊接与切割安全》（GB 9448）规定的工作区域防护、通风、灭火、电阻焊安全等有关要求。</td></tr>
<tr><td colspan="2">对焊钢筋</td><td>规格：直径5～10 mm、长度250 mm。</td><td>若干</td></tr>
<tr><td colspan="2">常用工器具</td><td>根据实际需求配备，各类工器具的型号规格应满足作业需要。</td><td>1套</td></tr>
</table>

表 4（续）

考位编号	考位名称	考位面积	考位设备设施要求				考位布置要求
			设备/设施/器材		规格/要求	数量	
K32	对焊考位	≥9 m²	焊接除尘设备		应符合现行标准《焊接烟尘捕集和分离设备》(GB/T 43917)相应部分的要求。	1 套	3. 考试前应设置不少于 2 个干扰项设备设施。 4. 考生在作业前，必须按照《焊接与切割安全》(GB 9448)要求做好人身防护。
			干粉灭火器、二氧化碳灭火器		1. 手提式。 2. 应符合现行标准《手提式灭火器》(GB 4351)的有关要求。	各 1 个	
			安全围栏			若干	
			安全标志		1. 配备禁止、警告、指令、提示等四类安全标志。 2. 应符合现行标准《安全标志及其使用导则》(GB 2894)的有关要求。	1 套	
			干扰项设备设施	实物仿真汽油桶		1 个	
				实物仿真油漆桶		1 个	
				木板或木棍		1 个	
				纸板或纸团		1 个	
				实物仿真氧气瓶		1 个	
				实物仿真乙炔瓶		1 个	
				其他设备设施	根据实际需求配备。		
			其他设备、设施、器材		根据实际需求配备。		

表 5　登高架设作业实际操作考场考位主要设备配备表

<table>
<tr><th rowspan="2">考位编号</th><th rowspan="2">考位名称</th><th rowspan="2">考位面积</th><th colspan="4">考位设备设施要求</th><th rowspan="2">考位布置要求</th></tr>
<tr><th colspan="2">设备/设施/器材</th><th>规格/要求</th><th>数量</th></tr>
<tr><td colspan="8">科目一　安全用具使用（K1）</td></tr>
<tr><td rowspan="12">K11</td><td rowspan="12">安全用具考位</td><td rowspan="12">≥5 m^2</td><td colspan="2">安全帽</td><td>应符合现行标准《头部防护　安全帽》（GB 2811）的有关要求。</td><td>1 顶</td><td rowspan="12">1. 考试前应设置不少于 2 个干扰项设备设施，每个干扰项设备设施应为其规格/要求中的一种。
2. 考生在本考位选择防护用品和安全工器具进行后续考试的，考位中各种设备/设施/器材的数量应按照实际情况配备。</td></tr>
<tr><td colspan="2">坠落悬挂用安全带</td><td>应符合现行标准《坠落防护　安全带》（GB 6095）的有关要求。</td><td>1 套</td></tr>
<tr><td colspan="2">安全鞋</td><td>1. 高腰、系带、防滑。
2. 应符合现行标准《足部防护　安全鞋》（GB 21148）的有关要求。</td><td>1 双</td></tr>
<tr><td colspan="2">工作服</td><td>全棉、长袖、紧口。</td><td>1 套</td></tr>
<tr><td colspan="2">手套</td><td></td><td>1 副</td></tr>
<tr><td rowspan="4">干扰项设备设施</td><td>安全帽</td><td>非标的、过期的、缺少附件的、轻微损坏的。</td><td>各 1 顶</td></tr>
<tr><td>坠落悬挂用安全带</td><td>非标的、过期的、缺少附件的、轻微损坏的。</td><td>各 1 套</td></tr>
<tr><td>安全鞋</td><td>非标的、损坏的。</td><td>各 1 双</td></tr>
<tr><td>其他设备设施</td><td>根据实际需求配备。</td><td></td></tr>
<tr><td colspan="2">器材摆放架</td><td>定制，满足摆放需求。</td><td>若干</td></tr>
<tr><td colspan="2">衣架</td><td>定制，满足摆放需求。</td><td>若干</td></tr>
<tr><td colspan="2">其他设备、设施、器材</td><td>根据实际需求配备。</td><td></td></tr>
</table>

表 5（续）

考位编号	考位名称	考位面积	考位设备设施要求			考位布置要求
			设备/设施/器材	规格/要求	数量	
科目二　作业现场安全隐患排除(K2)						
K21	零部件判废考位	≥5 m^2	有问题的钢管		若干	
			有问题的扣件		若干	
			有问题的安全网		若干	
			有问题的金属垫板		若干	
			有问题的底座		若干	
			有问题的挡脚板		若干	
			有问题的脚手板		若干	
			其他设备、设施、器材	根据实际需求配备。		
K22	作业现场安全隐患排除考位	≥5 m^2	登高架设作业现场安全风险、安全隐患、职业危害的场景		若干	
			其他设备、设施、器材	根据实际需求配备。		

表5（续）

<table>
<tr><th rowspan="2">考位编号</th><th rowspan="2">考位名称</th><th rowspan="2">考位面积</th><th colspan="4">考位设备设施要求</th><th rowspan="2">考位布置要求</th></tr>
<tr><th colspan="2">设备/设施/器材</th><th>规格/要求</th><th>数量</th></tr>
<tr><td colspan="8">科目三　安全操作技术（K3）</td></tr>
<tr><td rowspan="6">K31</td><td rowspan="6">双排落地钢管脚手架考位</td><td rowspan="6">架体四周应有符合高处作业防坠半径要求的安全空间；应有满足存放待安装脚手架构配件的空间</td><td colspan="2">扣件式钢管脚手架，包括但不限于：搭设双排落地钢管脚手架所需的垫木、底座、脚手板、踢脚板、连墙件、钢管及连接件等</td><td>1. 满足搭设两步三跨和操作层所需的构配件。
2. 应符合现行标准《建筑施工扣件式钢管脚手架安全技术规范》（JGJ130）对构配件的质量要求，扣件还应符合现行《钢管脚手架扣件》（GB/T 15831）的有关要求。</td><td>1套</td><td rowspan="6">1. 在两步三跨双排脚手架上拆除外排中间部位2根立杆、6根小横杆以及全部大横杆和斜撑（含抛撑），未拆除部分应当安全稳固，作为基本形态脚手架。考生在基本形态脚手架上继续搭设，搭设完毕的整体脚手架应至少两步三跨（含操作层）。
2. 二步架上方净空高度不小于2 m。
3. 考生在攀登脚手架前，必须将速差自控器（防坠器）与安全带连接。</td></tr>
<tr><td rowspan="2">安全网</td><td>安全立网</td><td rowspan="2">应符合现行标准《安全网》（GB 5725）的有关要求。</td><td>若干</td></tr>
<tr><td>安全平网</td><td>若干</td></tr>
<tr><td colspan="2">搭设脚手架所需的配套工器具，包括但不限于：扭力扳手、卷尺、铅笔、铁锤、水平仪、角度仪、手持电动套筒扳手等</td><td>各类工器具的型号规格应满足作业需要。</td><td>套数根据作业人数配备</td></tr>
<tr><td colspan="2">工具袋</td><td></td><td>数量根据作业人数配备</td></tr>
<tr><td colspan="2">作业环境显示屏</td><td>可设置和展示场地是否平整、坚实以及排水是否顺畅等情况，可设置和展示温度、雨、雪、雾、风向、风速等天气情况。</td><td>1块</td></tr>
</table>

表 5（续）

考位编号	考位名称	考位面积	考位设备设施要求				考位布置要求
			设备/设施/器材		规格/要求	数量	
K31	双排落地钢管脚手架考位	架体四周应有符合高处作业防坠半径要求的安全空间；应有满足存放待安装脚手架构配件的空间	安全围栏			若干	
			安全标志		1. 配备禁止、警告、指令、提示等四类安全标志。 2. 应符合现行标准《安全标志及其使用导则》(GB 2894)的有关要求。	1 套	
			器材摆放架		定制，满足摆放需求。	若干	
			考生作业安全防护设备设施	水平生命线装置	1. 在脚手架上方平行脚手架设置，用于挂设速差自控器(防坠器)。 2. 应符合现行标准《坠落防护水平生命线装置》(GB 38454)的有关要求。	1 套	
				速差自控器（防坠器）	1. 速差自控器(防坠器)的安全绳长度不超过水平生命线装置至地面的距离，保证坠落发生后最小安全距离应大于 1 m。 2. 应符合现行标准《坠落防护 速差自控器》(GB 24544)的有关要求。	≥2 个	
			其他设备、设施、器材		根据实际需求配备。		

表5（续）

考位编号	考位名称	考位面积	考位设备设施要求			考位布置要求
			设备/设施/器材	规格/要求	数量	
K32	双排钢管跨越架考位	架体四周应有符合高处作业防坠半径要求的安全空间；应有满足存放待安装跨越架构配件的空间	扣件式钢管跨越架，包括但不限于：搭设双排钢管跨越架所需的垫木、底座、钢管及连接件等	1. 满足搭设三步三跨所需的构配件。 2. 应符合现行标准《建筑施工扣件式钢管脚手架安全技术规范》（JGJ130）对构配件的质量要求，扣件还应符合现行标准《钢管脚手架扣件》（GB/T 15831）的有关要求。	1套	1. 在三步三跨双排跨越架上拆除其中一排中间部位2根立杆、8根小横杆以及全部大横杆和斜撑（含抛撑、羊角杆），未拆除部分应当安全稳固，作为基本形态跨越架。考生在基本形态跨越架上继续搭设，搭设完毕的整体跨越架应至少三步三跨。 2. 二步架上方净空高度不小于2.2 m。 3. 考生在攀登跨越架前，必须将速差自控器（防坠器）与安全带连接。
			搭设跨越架所需的配套工器具，包括但不限于：扭力扳手、卷尺、铅笔、铁锤、手锯/电锯、水平仪、角度仪、手持电动套筒扳手等	各类工器具的型号规格应满足作业需要。	套数根据作业人数配备	
			工具袋		数量根据作业人数配备	
			作业环境显示屏	可设置和展示场地是否平整、坚实以及排水是否顺畅等情况，可设置和展示温度、雨、雪、雾、风向、风速等天气情况。	1块	
			安全围栏		若干	

表 5（续）

考位编号	考位名称	考位面积	考位设备设施要求				考位布置要求
			设备/设施/器材		规格/要求	数量	
K32	双排钢管跨越架考位	架体四周应有符合高处作业防坠半径要求的安全空间；应有满足存放待安装跨越架构配件的空间	安全标志		1. 配备禁止、警告、指令、提示等四类安全标志。 2. 应符合现行标准《安全标志及其使用导则》(GB 2894)的有关要求。	1 套	
			器材摆放架		定制，满足摆放需求。	若干	
			考生作业安全防护设备设施	水平生命线装置	1. 在跨越架上方平行跨越架设置，用于挂设速差自控器(防坠器)。 2. 应符合现行标准《坠落防护　水平生命线装置》(GB 38454)的有关要求。	1 套	
				速差自控器（防坠器）	1. 速差自控器(防坠器)的安全绳长度不超过水平生命线装置至地面的距离，保证坠落发生后最小安全距离应大于 1 m。 2. 应符合现行标准《坠落防护　速差自控器》(GB 24544)的有关要求。	≥2 个	
			其他设备、设施、器材		根据实际需求配备。		

表6　高处安装、维护、拆除作业实际操作考场考位主要设备配备表

<table>
<tr><th rowspan="2">考位编号</th><th rowspan="2">考位名称</th><th rowspan="2">考位面积</th><th colspan="4">考位设备设施要求</th><th rowspan="2">考位布置要求</th></tr>
<tr><th colspan="2">设备/设施/器材</th><th>规格/要求</th><th>数量</th></tr>
<tr><td colspan="8">科目一　安全用具使用(K1)</td></tr>
<tr><td rowspan="9">K11</td><td rowspan="9">安全用具考位</td><td rowspan="9">≥5 m^2</td><td colspan="2">安全帽</td><td>应符合现行标准《头部防护　安全帽》(GB 2811)的有关要求。</td><td>1顶</td><td rowspan="9">1. 考试前应设置不少于2个干扰项设备设施，每个干扰项设备设施应为其规格/要求中的一种。
2. 考生在本考位选择防护用品和安全工器具进行后续考试的，考位中各种设备/设施/器材的数量应按照实际情况配备。</td></tr>
<tr><td rowspan="3">安全带</td><td>围杆作业用安全带</td><td rowspan="3">应符合现行标准《坠落防护　安全带》(GB 6095)的有关要求。</td><td>1套</td></tr>
<tr><td>区域限制用安全带</td><td>1套</td></tr>
<tr><td>坠落悬挂用安全带</td><td>1套</td></tr>
<tr><td colspan="2">安全鞋</td><td>1. 高腰、系带、防滑。
2. 应符合现行标准《足部防护　安全鞋》(GB 21148)的有关要求。</td><td>1双</td></tr>
<tr><td colspan="2">脚扣</td><td>应符合现行标准《环形混凝土电杆用脚扣》(DL/T 1642)或《坠落防护　登杆脚扣》(AQ6109)的有关要求。</td><td>1套</td></tr>
<tr><td colspan="2">工作服</td><td>长袖、紧口。</td><td>1套</td></tr>
<tr><td colspan="2">反光背心</td><td></td><td>1套</td></tr>
<tr><td colspan="2">手套</td><td></td><td>1副</td></tr>
</table>

表 6（续）

考位编号	考位名称	考位面积	考位设备设施要求				考位布置要求
			设备/设施/器材		规格/要求	数量	
K11	安全用具考位	≥5 m^2	干扰项设备设施	安全帽	非标的、过期的、缺少附件的、轻微损坏的。	各 1 顶	
				安全带	非标的、过期的、缺少附件的、轻微损坏的。	各 1 套	
				安全鞋	非标的、损坏的。	各 1 双	
				其他设备设施	根据实际需求配备。		
			器材摆放架		定制，满足摆放需求。	若干	
			衣架		定制，满足摆放需求。	若干	
			其他设备、设施、器材		根据实际需求配备。		
科目二　作业现场安全隐患排除（K2）							
K21	零部件判废考位	≥5 m^2	有问题的移动平台各类零部件			1 批	
			有问题的吊篮各类零部件			1 批	
			有问题的单人吊具各类零部件			1 批	
			有问题的电杆			1 根	
			有问题的铁塔各类零部件			1 批	
			其他设备、设施、器材		根据实际需求配备。		

表6（续）

<table>
<tr><th rowspan="2">考位编号</th><th rowspan="2">考位名称</th><th rowspan="2">考位面积</th><th colspan="4">考位设备设施要求</th><th rowspan="2">考位布置要求</th></tr>
<tr><th colspan="2">设备/设施/器材</th><th>规格/要求</th><th>数量</th></tr>
<tr><td rowspan="2">K22</td><td rowspan="2">作业现场安全隐患排除考位</td><td rowspan="2">≥5 m^2</td><td colspan="2">高处安装、维护、拆除作业现场安全风险、安全隐患、职业危害的场景</td><td></td><td>若干</td><td rowspan="2"></td></tr>
<tr><td colspan="2">其他设备、设施、器材</td><td>根据实际需求配备。</td><td></td></tr>
<tr><td colspan="8">科目三　安全操作技术（K3）</td></tr>
<tr><td rowspan="2">K31</td><td rowspan="2">移动平台考位</td><td rowspan="2">搭设完毕的架体四周应有符合高处作业防坠半径要求的安全空间；应有满足存放待安装移动平台构配件的空间</td><td rowspan="2">移动平台</td><td>移动式操作平台（门式架），包括但不限于：防护栏杆、门架及配件、爬梯、脚轮等</td><td>1. 满足搭设1层所需的构配件。
2. 门架及配件应符合现行标准《门式钢管脚手架》（JG/T 13）的有关要求。
3. 脚轮应符合现行标准《工业脚轮和车轮》（GB/T 14687）的有关要求，可调高度、可制动，万向脚轮。</td><td>1套</td><td rowspan="2">1. 考试时搭设平台高度（不含围栏杆）不小于1.8 m，操作平台的高宽比不应大于3∶1。
2. 考生在攀登移动平台前，必须将速差自控器（防坠器）与安全带连接。</td></tr>
<tr><td>移动操作架，包括但不限于：防护栏杆、踢脚板、脚手板、钢管及连接件、爬梯、脚轮等</td><td>1. 满足搭设1层所需的构配件。
2. 钢管及连接件应符合现行标准《建筑施工扣件式钢管脚手架安全技术规范》（JGJ130）对构配件的质量要求，扣件还应符合现行标准《钢管脚手架扣件》（GB/T 15831）的有关要求。
3. 脚轮应符合现行标准《工业脚轮和车轮》（GB/T 14687）的有关要求，可调高度、可制动，万向脚轮。</td><td>1套</td></tr>
</table>

表6（续）

考位编号	考位名称	考位面积	考位设备设施要求			考位布置要求
			设备/设施/器材	规格/要求	数量	
K31	移动平台考位	搭设完毕的架体四周应有符合高处作业防坠半径要求的安全空间；应有满足存放待安装移动平台构配件的空间	搭设平台所需的配套工器具，包括但不限于：卷尺、扳手	各类工器具的型号规格应满足作业需要。	套数根据作业人数配备	
			工具袋		数量根据作业人数配备	
			作业环境显示屏	可设置和展示场地是否平整、坚实以及排水是否顺畅等情况，可设置和展示温度、雨、雪、雾、风向、风速等天气情况。	1块	
			安全围栏		若干	
			安全标志	1. 配备禁止、警告、指令、提示等四类安全标志。 2. 应符合现行标准《安全标志及其使用导则》（GB 2894）的有关要求。	1套	
			器材摆放架	定制，满足摆放需求。	若干	

表 6（续）

<table>
<tr><th rowspan="2">考位编号</th><th rowspan="2">考位名称</th><th rowspan="2">考位面积</th><th colspan="4">考位设备设施要求</th><th rowspan="2">考位布置要求</th></tr>
<tr><th colspan="2">设备/设施/器材</th><th>规格/要求</th><th>数量</th></tr>
<tr><td rowspan="3">K31</td><td rowspan="3">移动平台考位</td><td rowspan="3">搭设完毕的架体四周应有符合高处作业防坠半径要求的安全空间；应有满足存放待安装移动平台构配件的空间</td><td rowspan="2">考生作业安全防护设备设施</td><td>水平生命线装置</td><td>1. 在操作平台上方设置，用于挂设速差自控器（防坠器）。
2. 应符合现行标准《坠落防护　水平生命线装置》（GB 38454）的有关要求。</td><td>1 套</td><td rowspan="3"></td></tr>
<tr><td>速差自控器（防坠器）</td><td>1. 速差自控器（防坠器）的安全绳长度不超过水平生命线装置至地面的距离，保证坠落发生后最小安全距离应大于 1 m。
2. 应符合现行标准《坠落防护　速差自控器》（GB 24544）的有关要求。</td><td>≥2 个</td></tr>
<tr><td colspan="2">其他设备、设施、器材</td><td>根据实际需求配备</td><td></td></tr>
<tr><td>K32</td><td>吊篮考位</td><td>吊篮平台非作业面周边应有符合高处作业防坠半径要求的安全空间</td><td colspan="2">高处作业吊篮（整套，含悬挂装置）</td><td>1. 吊篮参数要求：
（1）结构层数：单层；
（2）驱动方式：电动；
（3）特性：爬升式；
（4）额定载重量：不小于 500 kg；
（5）吊点平台：双吊点。
2. 吊篮应符合现行标准《高处作业吊篮》（GB/T 19155）的有关要求。
3. 吊篮应装设安全钢丝绳。
4. 吊篮的防坠落装置（安全锁）应在标定期限内使用。</td><td>1 套</td><td>考生操作吊篮上升高度不小于 2 m。</td></tr>
</table>

表6（续）

考位编号	考位名称	考位面积	考位设备设施要求			考位布置要求
			设备/设施/器材	规格/要求	数量	
K32	吊篮考位	吊篮平台非作业面周边应有符合高处作业防坠半径要求的安全空间		5. 吊篮两端应装设限位器、限位开关(限行、断电)，保证吊篮起升至最高点时，其底部净空高度不小于2 m。 6. 吊篮安装应编制专项施工方案并经批准、审核，吊篮安装应符合现行标准《高处作业吊篮安装、拆卸、使用技术规程》(JB/T 11699)的有关规定。安装后应经调试、验收合格后方可投入使用。		
			清洗作业工具		1套	
			作业平台，包括但不限于：悬挂装置安装平台、扶梯、墙壁、女儿墙等	固定式，墙壁高度不小于4 m，悬挂装置安装平台有围栏防坠措施。		
			作业环境显示屏	可设置和展示温度、雨、雪、雾、风向、风速等天气情况。	1块	
			安全围栏		若干	
			安全标志	1. 配备禁止、警告、指令、提示等四类安全标志。 2. 应符合现行标准《安全标志及其使用导则》(GB 2894)的有关要求。	1套	
			器材摆放架	定制，满足摆放需求。	若干	

表6（续）

考位编号	考位名称	考位面积	考位设备设施要求				考位布置要求
			设备/设施/器材		规格/要求	数量	
K32	吊篮考位	吊篮平台非作业面周边应有符合高处作业防坠半径要求的安全空间	考生作业安全防护设备设施	安全绳	1. 固定在可靠位置，不得与吊篮任何部位连接。 2. 应符合现行标准《坠落防护　安全绳》（GB 24543）的有关要求。	2根	
				安全绳自锁器	1. 与安全绳匹配。 2. 应符合现行标准《坠落防护　带柔性导轨的自锁器》（GB/T 24537）的有关要求。	2个	
				低压验电笔		1个	
			其他设备、设施、器材		根据实际需求配备。		
K33	单人吊具考位	作业人员左右及背部应有符合高处作业防坠半径要求的安全空间	座板式单人吊具（整套）		1. 吊具包括挂点装置、悬吊下降系统、坠落保护系统等，应符合现行标准《座板式单人吊具悬吊作业安全技术规范》（GB 23525）、《坠落防护装备通用技术规范》（GB 42297）的有关要求。 2. 挂点装置应符合现行标准《坠落防护挂点装置》（GB 30862）的有关要求。 3. 工作绳、安全绳应符合现行标准《坠落防护安全绳》（GB 24543）的有关要求。 4. 下降器应符合现行标准《座板式单人吊具悬吊作业安全技术规范》（GB 23525）的有关要求。 5. 连接器应符合现行标准《坠落防护连接器》（GB/T 23469）的有关要求。 6. 自锁器应符合现行标准《坠落防护带柔性导轨的自锁器》（GB/T 24537）的有关要求。	1套	考生操作单人吊具下降高度不小于2 m。

表6（续）

考位编号	考位名称	考位面积	考位设备设施要求				考位布置要求
			设备/设施/器材		规格/要求	数量	
K33	单人吊具考位	作业人员左右及背部应有符合高处作业防坠半径要求的安全空间	清洗作业工具			1套	
			作业平台，包括但不限于：作业准备平台、扶梯、墙壁、女儿墙等		固定式，墙壁高度不小于2 m，作业准备平台有围栏防坠措施。	1套	
			作业环境显示屏		可设置和展示温度、雨、雪、雾、风向、风速等天气情况。	1块	
			安全围栏			若干	
			安全标志		1. 配备禁止、警告、指令、提示等四类安全标志。 2. 应符合现行标准《安全标志及其使用导则》(GB 2894)的有关要求。	1套	
			器材摆放架		定制，满足摆放需求	若干	
			考生作业安全防护设备设施	体重秤	穿戴好工作绳、下降器、连接器、座板装置、携带物后，人体总载重不超过100 kg。	1个	
				安全防护垫	厚度不小于30 cm。	若干	
			其他设备、设施、器材		根据实际需求配备。		

表6（续）

考位编号	考位名称	考位面积	考位设备设施要求			考位布置要求
			设备/设施/器材	规格/要求	数量	
K34	登杆登塔考位	杆(塔)四周应有符合高处作业防坠半径要求的安全空间	电杆	1. 高度不小于4 m。 2. 应符合现行标准《环形混凝土电杆》(GB/T 4623)的有关要求。	1根	考生在登杆或登塔前,必须将速差自控器(防坠器)与安全带连接,登杆或登塔高度不小于2 m。
			抱箍	与电杆匹配	1副	
			铁塔	1. 铁塔的1：1局部结构,包含垂直、水平作业位置;高度不小于4 m,配备防坠落导轨。 2. 应符合现行标准《输电线路铁塔制造技术条件》(GB/T 2694)的有关要求。	1套	
			传递绳		1根	
			安装杆(塔)上设备设施所需的配套工器具,包括但不限于:扳手、卷尺、铁锤、手持电动套筒扳手等	各类工器具的型号规格应满足作业需要。	1套	
			工具袋		1个	
			作业环境显示屏	可设置和展示温度、雨、雪、雾、风向、风速等天气情况。	1块	

表 6（续）

考位编号	考位名称	考位面积	考位设备设施要求				考位布置要求
			设备/设施/器材		规格/要求	数量	
K34	登杆登塔考位	杆(塔)四周应有符合高处作业防坠半径要求的安全空间	安全围栏			若干	
			安全标志		1. 配备禁止、警告、指令、提示等四类安全标志。 2. 应符合现行标准《安全标志及其使用导则》(GB 2894)的有关要求。	1套	
			器材摆放架		定制,满足摆放需求。	若干	
			考生作业安全防护设备设施	速差自控器（防坠器）	1. 速差自控器（防坠器）的安全绳长度不超过电杆或铁塔高度,保证坠落发生后最小安全距离应大于1 m。 2. 应符合现行标准《坠落防护　速差自控器》(GB 24544)的有关要求。	2个	
				安全防护垫	厚度不小于30 cm。	若干	
			其他设备、设施、器材		根据实际需求配备。		

表 7 作业现场应急处置实际操作考场考位主要设备配备表

考位编号	考位名称	考位面积	考位设备设施要求			考位布置要求
			设备/设施/器材	规格/要求	数量	
K41	触电事故现场应急处置考位	≥5 m^2	模拟人	全身式	1 套	
			触电场景	电工作业触电场景。	1 套	
			其他设备、设施、器材	根据实际需求配备。		
K42	单人徒手心肺复苏操作考位	≥5 m^2	心肺复苏模拟人	全身式	1 套	
			一次性 CPR 屏障消毒面膜		若干	
			其他设备、设施、器材	根据实际需求配备。		
K43	灭火器选择与使用考位	≥9 m^2	水基、泡沫、干粉、二氧化碳、清水等灭火器以及沙池、干沙、铲	1. 满足扑灭 A、B、C、D、E 等五类火灾要求。 2. 灭火器应包括手提式、推车式。 3. 手提式灭火器应符合现行标准《手提式灭火器》(GB 4351)的有关要求;推车式灭火器应符合现行标准《推车式灭火器》(GB 8109)的有关要求。	1 套	实物设备考位或实物仿真设备考位任选其一。
			火灾场景视频	包括 A、B、C、D、E 等五类火灾场景,含相应场景音频描述。	1 套	
			显示屏(或投影仪、投影幕布)	屏幕尺寸不小于 50 英寸,能够外放声音。	1 套	
			火盆及风向标牌	模拟火焰和风向。	1 套	

表 7（续）

考位编号	考位名称	考位面积	考位设备设施要求			考位布置要求
			设备/设施/器材	规格/要求	数量	
K43	灭火器选择与使用考位	≥9 m²	安全帽	应符合现行标准《头部防护　安全帽》(GB 2811)的有关要求。	1 顶	
			手套		1 副	
			工作服	全棉、长袖、紧口。	1 套	
			其他设备、设施、器材	根据实际需求配备。		
			水基、泡沫、干粉、二氧化碳、清水等实物仿真灭火器以及沙池、干沙、铲	1. 满足扑灭 A、B、C、D、E 等五类火灾要求。 2. 定制，实物仿真灭火器应包括手提式、推车式，具有按压动作识别功能。	1 套	
			仿真灭火智能化考核系统及配套硬件设备	定制，能够随机展示 A、B、C、D、E 等五类火灾场景并播放相应场景音频描述，能够按照灭火标准步骤对考生进行智能化考核。	1 套	
			安全帽	应符合现行标准《头部防护　安全帽》(GB 2811)的有关要求。	1 顶	
			手套		1 副	
			工作服	全棉、长袖、紧口。	1 套	
			其他设备、设施、器材	根据实际需求配备。		

表 7（续）

考位编号	考位名称	考位面积	考位设备设施要求			考位布置要求
			设备/设施/器材	规格/要求	数量	
K44	创伤包扎考位	≥5 m^2	创伤模拟人	全身式	1 套	
			急救箱及常用包扎材料，常用包扎材料包括但不限于：止血带、纱布或敷料、夹板、绷带、三角巾等		1 套	
			担架	应符合现行标准《病人搬运设备　第 1 部分：救护车担架》（YY/T 1638.1）的有关要求。	1 副	
			其他设备、设施、器材	根据实际需求配备。		